Barbara Berger

Fast Food für die Seele

Barbara Berger

Fast Food für die Seele

Einfach das Leben ändern

Aus dem Amerikanischen von
Ursula Bischoff

nymphenburger

Für Tim, Mark und Robin

Schutzumschlag: Atelier Sanna, München
Schutzumschlagfoto: Søren Solkær Starbird
Satz: EDV-Fotosatz Huber/Verlagsservice G. Pfeifer, Germering
Gesetzt aus 10,8/14,8 pt Sabon
Druck und Binden: GGP Media GmbH, Pößneck
Printed in Germany
ISBN 978-3-485-01136-5

www.nymphenburger-verlag.de

Inhalt

1

Der Weg zur Macht

 Wir sind, was wir denken.
Wir werden, was wir glauben.
Unser Leben ist, was wir darin sehen.
Unser Leben ist, was wir daraus machen.
Wir können unser Leben von Grund
auf verändern,
indem wir unsere Gedanken verändern.

In diesem Buch geht es um Macht, um innere Stärke und Kraft.
Es ist ein Buch, das Ihnen Möglichkeiten aufzeigt, Ihr Schicksal selbst in die Hand zu nehmen und das Leben zu verwirklichen, das Sie sich schon immer gewünscht haben.

 Unsere Gedanken und Worte sind
allmächtig.
Durch unsere Gedanken und Worte
erschaffen wir unser Leben.
Wir sind die Einzigen, die absolute Macht

über unsere Gedanken und Worte besitzen.
Deshalb sind wir so machtvoll.

Die Revolution des Bewusstseins

Was in unserer heutigen Zeit stattfindet, könnte
man als Revolution des Bewusstseins bezeichnen.
Immer mehr Menschen besinnen sich auf ihre inneren Kräfte und streben danach, sie in Besitz zu
nehmen. Immer mehr Menschen erwachen aus ihrem Dornröschenschlaf und erkennen, dass sie auf
magische Weise genau das in ihrem Leben anziehen, was sie denken, beschließen und in den
Brennpunkt ihrer Interessen rücken.
Wir sind das Ergebnis unserer eigenen Gedanken.
Wenn Ihr Leben nicht so verläuft, wie Sie es gerne
hätten, ist es an der Zeit, einen Blick auf Ihre tiefsten Überzeugungen, Einstellungen und Gedanken
zu werfen, denn nur hier – in dieser Schaltzentrale
der Macht – finden Sie das »Sesam-öffne-dich«,
das Sie befähigt, Ihr Leben nach Ihren eigenen Vorstellungen zu gestalten und Ihr Schicksal grundlegend zu verändern.
Überlegen Sie, was für ein Leben Sie sich wünschen,
malen Sie es sich bildhaft und anschaulich aus, in
allen Einzelheiten, und untermauern Sie Ihre Ziel-

vorstellungen mit positiven Affirmationen (wiederholten Anweisungen an das Unterbewusstsein, die wie eine Autosuggestion wirken). Fassen Sie den Entschluss, Ihr Wunschleben zu verwirklichen, konzentrieren Sie Ihre ganze Aufmerksamkeit darauf, glauben Sie fest daran, verfolgen Sie Ihr Ziel mit unerschütterlicher Zuversicht, und Sie werden feststellen, dass Sie dieses Leben viel früher und schneller führen, als Sie sich jemals erträumt haben.

Die Funktionsweise des menschlichen Verstandes

Wenn Sie erkannt haben, wie Sie Macht und Kontrolle über Ihr eigenes Leben erlangen, ist die praktische Umsetzung ein Kinderspiel, geradezu ein Witz.

Sobald Ihnen klar geworden ist, worin der Trick besteht, fragen Sie sich vermutlich, warum sie einen Großteil Ihres Lebens damit verbracht haben, sich zu plagen und wie verrückt gegen widrige äußere Umstände anzukämpfen, obwohl nichts weiter erforderlich gewesen wäre, als Ihre eigenen verkrusteten Denkstrukturen aufzubrechen.

Die Außenwelt ist nichts weiter als eine Manifestation der Gedanken, die wir uns über sie machen.

Wenn Sie Ihr Augenmerk auf Krankheit, Armut und Elend richten, werden Sie feststellen, dass genau diese Erfahrungen auf Sie warten. Verändern Sie Ihren Fokus, konzentrieren Sie sich auf die kleinen Freuden des Alltags, auf Ihre Begabungen und Fähigkeiten, eine robuste Gesundheit und den grenzenlosen Reichtum des Universums, wird es nicht lange dauern, bis sich diese in Ihrem Leben materialisieren.

Was hat sich geändert? Das Universum mit Sicherheit nicht. Was sich geändert hat, ist allein Ihre Denkweise.

Die Macht der inneren Arbeit

Wenn Sie sich einmal umschauen, werden Sie entdecken, dass die meisten Menschen verzweifelt kämpfen, um zu überleben oder den Leistungsanforderungen gerecht zu werden, ihre Ziele zu erreichen und Erfolg zu haben.

Der Stress wird noch verstärkt durch den Druck, den wir uns selbst machen, indem wir uns einreden, je mehr Mühe wir uns geben, desto größer sei die Achtung und Wertschätzung, die man uns auf der menschlichen Ebene entgegenbringt.

Diese Programmierung kenne ich nur zu gut aus

eigener Erfahrung. Ich wurde in diesem Glauben erzogen, und Ihnen ist es vermutlich genauso ergangen. Ich bekam seit frühester Kindheit immer wieder Argumente zu hören, die dazu dienten, den Lebenskampf zu rechtfertigen. Zum Beispiel: So ist nun mal der Lauf der Welt. Ohne Fleiß kein Preis. Das Geld wächst nicht auf Bäumen. Man bekommt im Leben nichts geschenkt. Vor den Erfolg haben die Götter den Schweiß gesetzt. Alter bedeutet Krankheit, Elend, usw.

Infolge dieser Konditionierung versuchen wir verzweifelt, das Gute, das wir für uns anstreben, auf der äußeren Ebene zu verwirklichen, mit aller Gewalt. Bis wir früher oder später erkennen müssen, dass wir uns auf dem Holzweg befinden. Das Gute, das wir uns erhoffen, lässt sich nicht in der äußeren Realität erzwingen. Was kein Wunder ist, denn: Die wirkliche Schaltzentrale der Macht befindet sich in unserem Inneren.

Rüsten Sie sich also für die innere Arbeit, die unabdingbar ist. Nehmen Sie Ihre Gedanken, Überzeugungen und Einstellungen unter die Lupe; werfen Sie alle Denk- und Verhaltensmuster über Bord, die sich nicht bewährt oder die ausgedient haben, und konzentrieren Sie sich darauf, ein Leben zu schaffen, wie Sie es sich erträumen.

Überlassen Sie die Außenwelt getrost sich selbst.

Sie regelt alles in eigener Regie. Sie gleicht einem magischen Computerausdruck Ihres Lebens: Jedes Mal, wenn Sie den Druckbefehl erteilen, erhalten Sie ein naturgetreues Abbild Ihrer Innenwelt.

Vergessen Sie den Lebenskampf. Vergessen Sie die Härten des Daseins. Vergessen Sie Armut, Krankheit und Kümmernisse. Begeben Sie sich an die innere Arbeit und fangen Sie an, das Leben zu genießen – hier und jetzt!

Praktische Techniken

Da es in diesem Buch um Macht und innere Kräfte geht, enthält jedes Kapitel praktische Übungen, die Sie als festen Bestandteil in Ihren Tagesablauf integrieren können, um Ihr Leben in den Griff zu bekommen und nach eigenen Wünschen und Vorstellungen zu gestalten. Die beschriebenen Visualisierungs-, Fokussier- und Entspannungstechniken haben dazu beigetragen, meine Lebensqualität in verschiedenen Situationen und Entwicklungsstadien nachhaltig zu verbessern. Deshalb hatte ich das Bedürfnis, ein Buch darüber zu schreiben und mein Wissen an Sie weiterzugeben.

Wichtig war mir vor allem die rasche und problemlose praktische Umsetzung der dargestellten Konzepte. Das Buch ist für Menschen gedacht, die viel zu tun und wenig Geduld haben, sich mit langatmigen intellektuellen Abhandlungen und/oder langen, umständlichen Erklärungsansätzen zu befassen. Wenn Sie an mentalen Techniken interessiert sind, die leicht zu verstehen, schnell zu erlernen und umgehend anzuwenden sind, dürfte das Buch ganz nach Ihrem Geschmack sein. Dafür gibt es mehrere Gründe: Erstens ist das Buch kurz. Zweitens müssen Sie es nicht von Anfang bis Ende durcharbeiten, um unverzüglich davon zu profitieren. Sie können sich in jedes x-beliebige Kapitel vertiefen, das Ihnen zusagt, und an dieser Stelle mit der Arbeit beginnen. Folgen Sie einfach Ihrer Intuition … dann wird das Buch auch an Ihnen Geschmack finden!

Ich habe außerdem festgestellt, dass bestimmte mentale Techniken in bestimmten Phasen meines Lebens optimal waren und dass die von mir benutzten Methoden sich kontinuierlich verändern, je nach Situation, Problem oder aktuellen Bedürfnissen. Auch hier habe ich mir angewöhnt, meiner Intuition zu vertrauen und mich für diejenige Technik zu entscheiden, die mir vom Gefühl her richtig erscheint.

Wir alle befinden uns in einem kontinuierlichen Prozess der Entwicklung, des Wachstums und der Veränderung; deshalb kann es vorkommen, dass wir über bestimmte Techniken hinauswachsen oder ihrer müde werden und das Bedürfnis verspüren, sie eine Weile auf Eis zu legen, um neue Wege zu gehen, für neue Methoden offen zu sein. Möglicherweise wird uns eine Technik, die sich in einer früheren Lebensphase bewährt hat, irgendwann wieder reizvoll erscheinen, obwohl (oder gerade weil) wir sie seit Monaten oder Jahren nicht mehr benutzt haben. Wenn wir uns abermals mit ihr befassen, entdecken wir darin vielleicht eine neue Bedeutung, eine neue Tiefe oder eine neue Kraftquelle. Während wir stetig wachsen und Macht über unser Leben gewinnen, entwickelt sich auch unser Verständnis der verschiedenen mentalen Techniken und Konzepte Schritt für Schritt – als würde man eine Zwiebel schichtweise häuten.

Und drittens wird das Buch Sie deshalb ansprechen, weil es darauf ausgerichtet ist, Freude und ein Gefühl tiefer innerer Zufriedenheit zu bereiten. Wenn wir uns mit unserem höheren Selbst verbinden und begreifen, dass wir die Verantwortung für unser Leben und unser Schicksal tragen, betrachten wir das Leben mit einem Mal als das spannende Abenteuer, das es in Wirklichkeit ist, und können bewusst unsere inneren Kräfte aktivieren, um das kreative Potenzial auszuschöpfen, über das wir von jeher verfügen.

2

Die Macht
des höheren Prinzips

Wie immer wir Menschen es auch nennen wollen – eine höhere Macht, ein höheres Prinzip oder eine höhere Intelligenz lenkt unser Universum, unsere Existenz, unser Handeln und unsere Entwicklung. Diese höhere Macht hat viele Namen, zum Beispiel:

Gott
Leben
Die innere Kraft
Die Lebenskraft
Der Allmächtige
Der Schöpfer
Brahman
Allah
Tao
Jehova
Unser himmlischer Vater
Die erste Ursache

Das Lebensprinzip
Ich bin da
Die Präsenz
Die höchste Wesenheit
Die göttliche Präsenz
Das lebenspendende Prinzip
Das kosmische Bewusstsein
Der lebendige Geist
Das höhere Selbst
… um nur ein paar zu nennen.

Erkennen Sie, dass es eine höhere Macht gibt, und hören Sie auf, Widerstand zu leisten

Wenn Sie die höhere Macht anerkennen und aufhören, sich gegen die natürliche Entwicklung des Menschen zu wehren, werden Sie feststellen, dass sich Ihr Leben von Grund auf verändert. Sie werden sich erleichtert, beflügelt und zutiefst befreit fühlen, sobald Sie sich bewusst gemacht haben, dass Sie für alles, was in Ihrem Leben geschieht, hundertprozentig verantwortlich sind, dass Ihr höheres Selbst dieses Leben vorprogrammiert hat, damit Ihre Seele wachsen kann, und dass jede Schwierigkeit, mit der Sie sich auf Ihrem Weg konfrontiert sehen, Teil des Lernprozesses ist, den Sie bewältigen müssen.

Sie werden begreifen, dass hartnäckiges Kämpfen und Ringen nicht das Geringste bewirken, dass man damit in der Außenwelt kein einziges Problem zu lösen vermag. Sie werden sehen, dass wir keineswegs Opfer der Umstände sind, welcher Art auch immer. Es gibt keine Zufälle im Leben und folglich auch keine Opfer.

Das Leben ist ein Spiel, das wir nicht verlieren können, weil wir alle auf der Welt sind, um mit jeder Erfahrung, die wir machen, zu wachsen und uns weiterzuentwickeln.

Unser Dasein auf dem Planeten Erde lässt sich mit dem Schulunterricht vergleichen; wir haben die Aufgabe, in der Schule des Lebens zu lernen. Wir befinden uns in einem Klassenzimmer, das wir selbst gestaltet haben, nach eigenem Gutdünken. Kampf ist lediglich ein Zeichen, dass wir Widerstand leisten, dass wir noch nicht bereit sind, die innere Arbeit in Angriff zu nehmen, die wir früher oder später verrichten müssen, um zur nächsten Entwicklungsphase übergehen zu können.

Natürlich müssen Sie nichts überstürzen. Sie können die Mitarbeit so lange verweigern, wie Sie möchten … weil Ihnen unendlich viel Zeit zur Verfügung steht … und weil Sie früher oder später begreifen, worum es geht.

Das Universum ist Ihre Quelle

Alles in Ihrem Leben, in meinem Leben und im Leben jedes Menschen ist ein Geschenk des unendlichen Universums. Das unendliche Universum oder die Allmacht Gottes ist die Quelle, aus der wir erhalten, was wir zum Leben brauchen. Und da auch der Vorrat an Materie und Energie unbegrenzt und unendlich ist, wie könnte es uns da an irgendetwas mangeln?

Armut ist wirklich die Unfähigkeit, das unendliche Universum als Quelle von allem anzuerkennen. Diese Quelle sind weder andere Menschen noch Ihr Job, die öffentliche Wohlfahrt, der Staat, die Familie oder äußere Umstände. Sie sind nicht die Quelle, aus der sich Ihr Leben, Reichtum oder materieller Wohlstand speist. Menschen und Situationen stellen Kanäle dar, durch die der unerschöpfliche Reichtum des Universums fließt, um sich in Ihrem Leben zu manifestieren ... doch sie sind nicht die Quelle all dessen, was ist.

Öffnen Sie Ihr Herz und Ihr Bewusstsein für die wahre Quelle all dessen, was ist

Erkennen Sie tief in Ihrem Innern die wahre Quelle des Lebens und der Fülle; öffnen Sie Ihr Herz und

18

Ihr Bewusstsein dem höchsten Wohl, einem größeren materiellen Wohlstand, einer besseren Gesundheit, der Fülle, dem Frieden und der Freude in Ihrem Leben. Das alles steht uns jederzeit zur Verfügung. Es ist immer da, wartet nur darauf, von uns wahrgenommen zu werden. Hören Sie auf, das Gute in Ihrem Leben, Ihre Gesundheit oder Ihren Wohlstand zu boykottieren, indem Sie Ihre Ideenvielfalt einschränken oder meinen, Dinge ausschließlich aus bestimmten, fest umrissenen Bezugskanälen erhalten zu können. Wozu sich beispielsweise einreden, dass Ihre finanziellen Mittel begrenzt sind (mit anderen Worten, dass Sie mit Ihrem Lohn oder Gehalt auskommen müssen)? Damit nehmen Sie sich automatisch die Möglichkeit, aus der Quelle des grenzenlosen Reichtums zu schöpfen. Erkennen, bestätigen und visualisieren Sie das Gute, das vom unendlichen Universum ausgeht und Sie auf zahllosen, von Ihnen vielleicht nicht bedachten Wegen erreichen kann.

Untermauern Sie Ihren neuen Lebensabschnitt jeden Tag mit der folgenden positiven Affirmation:

❀ Ich bin nun offen und empfänglich für das höchste Wohl. Die unerschöpflichen Gaben des Universums strömen mir auf zahllosen Wegen zu. Ich danke für den unendlichen Segen und

die Fülle, die sich jetzt in meinem Leben manifestieren.

Was ist wahre Fülle?

Wahre Fülle ist all das Gute,
das unser Universum für uns bereithält:

Liebe
Frieden
Strahlende Gesundheit
Finanzieller Wohlstand
Zeit
Schönheit
Spirituelles Wachstum
Freunde
Familie
Musik und Kunst
Freude
Natur
Weisheit und Verständnis
und unendlich viel mehr ...

Warum sich mit weniger zufriedengeben?

3

Die Macht
der Affirmation

 Wissen Sie, dass Ihr Wort Gesetz ist?
Dass alles, was Sie sagen, sogar ganz beiläufig,
am Ende in Erfüllung geht und Realität wird,
Ihre Realität?
Mit Sicherheit würden die Leute wesentlich
mehr darauf achten, worüber sie sich aus-
lassen, wenn sie sich der Macht des gespro-
chenen Wortes bewusst wären.
Jedes Wort, das Sie sagen oder schreiben, ist
eine Affirmation.
Affirmieren bedeutet wörtlich *festmachen*.
Affirmieren bedeutet, seine Gedanken zu ma-
nifestieren, sie in eine greifbare, materielle
Form umzuwandeln.

Bedauerlicherweise sind viele Leute blind für die
Macht ihrer Worte und ziehen durch negative
Affirmationen Mangel, Armut, Krankheit und Un-
glück in ihrem eigenen Leben an. Da sie fortwäh-

rend jammern und verkünden, wie schlecht es ihnen geht, führen sie mit diesen destruktiven Aussagen Unglück, Mangel, Schmerz und Kummer herbei – also genau die Situation, die ihnen zutiefst missfällt.

Übernehmen Sie die Kontrolle über Ihre Worte

Sie sind der einzige Drahtzieher hinter den Kulissen Ihrer Gedanken. Sie können hier und jetzt beschließen, die Kontrolle über Ihre Aussagen zu übernehmen, sowohl die schriftlichen als auch die verbalen, und damit auch die Kontrolle über Ihr Schicksal. Schließlich sind Sie und kein anderer für das verantwortlich, was über Ihre Lippen kommt. Niemand kann Sie zu negativen Worten und Grundhaltungen zwingen. Die Entscheidung liegt ganz allein bei Ihnen. Wenn Sie Ihr Leben von Grund auf verändern wollen, ist es unabdingbar, achtsam zu sein und für jedes Ihrer Worte die Verantwortung zu übernehmen.

Sobald Ihnen die Macht der Worte bewusst geworden ist, erkennen Sie auf Anhieb, warum das Leben mancher Menschen so und nicht anders verläuft. Hören Sie aufmerksam zu, was sie sagen, worüber sie sich unterhalten. Das kann sehr aufschlussreich sein. Diejenigen, die immerzu mit ihrem Schicksal hadern, die nur das Elend in dieser Welt sehen, die pausenlos lamentieren und stöhnen, wie schwer das Leben doch ist, haben es wirklich schwer im Leben. *Ihr Leben verläuft genau so, wie sie es durch ihre verbale Weichenstellung vorprogrammiert haben.* Auffallend ist, dass diejenigen, die ihr Augenmerk auf Freude, Erfolg und Liebe richten, die beschließen, nur positive Gedanken zu äußern und gute Erfahrungen zu erwarten, ein freudvolles, erfolgreiches, interessantes und liebevolles Leben führen.

»Im Anfang war das Wort ...«

Die Bibel und andere alte Schriften weisen ausnahmslos auf die Macht des Wortes hin. Sie lehren, dass Worte die Schöpferkraft des Universums verkörpern und die Macht besitzen, Gutes und Schlechtes gleichermaßen zu bewirken. Viele moderne psychologische Techniken tragen ebenfalls der Macht des Wortes Rechnung. Die Neurolinguistische Programmierung (NLP), eine wirksame Methode, um verkrustete Denkgewohnheiten aufzubrechen und umzuprogrammieren, trägt zur Veränderung störender Verhaltensmuster bei. Ein wichtiges Instrument der NLP, das dazu dient, die Gesetzmäßigkeiten solcher Verhaltensprogramme bewusst zu machen, besteht darin, anderen aufmerksam zuzuhören.

Mantras oder heilige Sprüche zielen ebenfalls auf eine Neuprogrammierung von Geist und Körper ab; hier sollen durch die stetige Wiederholung der kraftvollen Worte Gesundheit und Zufriedenheit gefördert werden.

Das folgende weltberühmte Mantra stammt von dem französischen Apotheker und Begründer der bewussten Autosuggestion Emile Coué (1857–1926); es ist darauf ausgerichtet, die Selbstheilungskräfte des Menschen bei physischen und psychischen Problemen aller Art zu aktivieren. Coué lebte in Nancy, wo Tausende von Patienten mithilfe seines Mantras genasen. Um die Wirkung zu verstärken, sollte es laut wiederholt werden, am besten fünfzehnmal nacheinander, dreimal täglich, Tag für Tag. Die Wiederholungen bewirken, dass sich das Mantra im Unterbewusstsein verankert, das dann entsprechende Handlungsanweisungen vorgibt, ohne Einmischung des logischen Verstandes.

Es geht mir mit jedem Tag in jeder Hinsicht immer besser und besser.

Emile Coué

Proklamieren Sie Ihre Affirmationen jeden Tag laut

Sie können positive Affirmationen für jeden Bereich Ihres Lebens entwickeln. Sie können aber auch Affirmationen benutzen, die von anderen Personen stammen, beispielsweise das bekannte Mantra von Coué, oder sich für Passagen aus heiligen Texten oder aus der Bibel entscheiden. Besser wäre jedoch, wenn Sie sich eigene, speziell auf Ihre Situation zugeschnittene Affirmationen erarbeiten.

Beginnen Sie mit den Bereichen Ihres Lebens, die besonders dringend einer Veränderung bedürfen, und affirmieren Sie das positive Ergebnis, das Sie erreichen möchten. Vergegenwärtigen Sie sich, wie Sie sich Ihr Leben vorstellen und wie es Ihrer Meinung nach sein sollte. Achten Sie darauf, bei Ihren Affirmationen immer die Gegenwartsform zu verwenden, auch wenn Ihre Wünsche noch nicht in Erfüllung gegangen sind (sich noch nicht in der Außenwelt manifestiert haben). Sobald Sie die positiven Ergebnisse verbal bekräftigen, realisieren Sie diese, zuerst im Unterbewusstsein und im universellen Gedächtnis, und danach in der Außenwelt. Ihre Worte und der Glaube an Ihre Selbstinstruktionen bewirken, dass sie sich auf der physischen Ebene manifestieren.

Wiederholen Sie Ihre positiven Affirmationen fünfzehnmal nacheinander

Ich schlage vor, dass Sie Ihre Affirmationen jeden Morgen und jeden Abend jeweils fünf Minuten lang laut vor sich hinsagen. Falls Sie auch während des Tages Zeit haben, sollten Sie diese bei jeder sich bietenden Gelegenheit wiederholen.

Viele Lehrer und Heiler empfehlen, wichtige Affirmationen fünfzehnmal nacheinander zu wiederholen, um sich selbst zu energetisieren und der Aussage die nötige Nachhaltigkeit und Stärke zu verleihen.

Das Vaterunser fünfzehnmal laut zu beten, ist eine sehr kraftvolle allgemeine Affirmation.

Affirmationen niederschreiben

Wenn Sie sich in einer Situation befinden, in der Sie Ihre Affirmationen nicht laut vor sich hinsagen können (zum Beispiel im Büro oder im Zug), schreiben Sie diese in ein Notizbuch. Affirmationen fünfzehnmal nacheinander zu schreiben ist ebenfalls ein wirkungsvolles Mittel, um das Gute in Ihrem Leben zu manifestieren.

Die angestrebten Ergebnisse präzise formulieren

Sie sollten Ihre Affirmationen nicht nur Ihren jeweiligen Bedürfnissen anpassen, die sich im Laufe der Zeit verändern, sondern sie auch präzise formulieren. Es ist gut und schön, allgemein gehaltene Affirmationen für den Alltag zu verwenden, doch wenn es um bestimmte Anliegen und Situationen geht, sollten Sie kühn sein und die Ergebnisse in Ihren Aussagen festhalten, die Sie sich wünschen. Wenn Sie beispielsweise darauf abzielen, Ihr Einkommen zu erhöhen und Ihren finanziellen Verpflichtungen zufriedenstellend nachzukommen, sollten Sie klare und präzise Aussagen zum Thema Wohlstand machen (siehe 10. Kapitel über *Die Macht des Geldes*). Affirmieren Sie:

❧ Ich bin ein Kind des unendlichen Universums und deshalb reich. Die Fülle manifestiert sich nun in meinem Leben und ich kann meinen finanziellen Verpflichtungen leicht und mühelos nachkommen. ___ (Angabe des genauen Geldbetrags) gehen in Kürze bei mir ein.

Bei Gesundheitsproblemen können Sie Ihre eigenen spezifischen Affirmationen schaffen, abgestimmt auf Ihre Bedürfnisse, oder allgemeine Affirmationen wie die unten aufgeführten für Gesundheit und Heilung benutzen:

❀ Ich besitze eine starke, gesunde Konstitution. Jeden Tag fließen neues Leben, Kraft und Vitalität in jedes Atom, jede Zelle und jedes Organ meines Körpers. Jeden Tag geht es mir in jeder Hinsicht besser und besser und besser.

Ich liebe meinen Körper und bin dankbar dafür, dass er perfekt funktioniert. Jede Zelle und jedes Atom meines Körpers strahlen nun unverwüstliche Gesundheit und Vitalität aus.

Ich danke für die Gesundheit, Kraft und Vitalität, die sich stetig verbessern. Ich erfreue mich nun einer unverwüstlichen, guten Gesundheit.

Affirmieren und demonstrieren!

Wenn Sie fortfahren, Ihre Affirmationen anzuwenden, werden Sie feststellen, wie sich die Ergebnisse Ihrer inneren Arbeit in Ihrem unmittelbaren Umfeld zu manifestieren beginnen. Sie werden überraschende, positive Erfahrungen machen, sich unverhofften Veränderungen und neuen guten Ereignissen in Ihrem Leben gegenübersehen, und Sie werden merken, dass Sie Ihr Schicksal besser unter Kontrolle haben.

Sobald Sie erkannt haben, welche Macht Ihre Worte besitzen, können Sie den Wirkungsradius des Guten erweitern, indem Sie auch für Menschen, die Ihnen nahestehen, Gutes affirmieren. Oft lässt sich damit eine entscheidende Wende im Leben der betreffenden Person herbeiführen. Haben Sie keine Angst, bei Ihren Affirmationen kühne Formulierungen zu benutzen, wenn Sie den dringend benötigten Zuspruch leisten. Bekräftigen Sie beispielsweise:

❧ Alles wird gut.
Alles ist in Ordnung.
So wie du bist, bist du richtig.
Natürlich schaffst du das.
Ich weiß, dass du es schaffst.
Ich habe volles Vertrauen zu dir.
Ich weiß jetzt schon, dass du mit deinem
Vorhaben einen Bombenerfolg haben wirst.
Ich bewundere deine Talente und Fähigkeiten.
Du bist stark und gesund.
Du siehst heute schon viel besser aus.

Danke für die Inspiration, die du mir gegeben hast.
Ich weiß deine Hilfe zu schätzen.

Solche Worte können für die Menschen, die Ihnen nahestehen, einen großen Unterschied bewirken, gleich, ob es sich um Bekannte, gute Freunde, Kollegen, Verwandte, Kinder oder einen geliebten Partner handelt (siehe 17. Kapitel über *Die Macht von Lob und Segen*), die Sorgen oder Probleme haben.

Affirmieren und genießen!

Setzen Sie Ihre Affirmationen fort und verleihen Sie ihnen eine spielerische Note!
Sie können sie singen, wie ein Mantra »chanten«, danach tanzen, sie aufschreiben, als Sinnspruch an die Wände hängen, auf Kühlschrank und Telefone kleben, sie im Badezimmer anbringen und sie im Lauf des Tages mehrmals lautlos wiederholen. Ich verspreche Ihnen, dass Sie bald sehen werden, wie Sie allein durch die geballte Macht Ihrer Worte das Gute in Ihrem Leben schaffen, das Sie sich zu Recht wünschen und verdienen!

4

Die Macht
des Loslassens

Eine der besten Möglichkeiten, sich auf Anhieb besser zu fühlen, besteht in der Kunst, loszulassen. Wir alle haben unglaublich schwer an dem überschüssigen Ballast zu tragen, den wir mit uns herumschleppen: Dinge, die wir nicht brauchen, die uns belasten und verhindern, dass sich das Gute in unserem Leben manifestiert.

Wenn wir diesen Ballast über Bord werfen, verspüren wir umgehend ein Gefühl der Erleichterung. Loslassen ist ein hervorragendes Mittel, um die eigene Energie zu stärken.

Es gibt verschiedene Ebenen, auf denen es angeraten sein kann, einen Schlussstrich zu ziehen und loszulassen.

- Loslassen auf der mentalen oder emotionalen Ebene
- Loslassen auf der physischen Ebene

Mentales/Emotionales Loslassen

Wenn wir negative Gefühle gegenüber Menschen, Orten, Dingen, Situationen oder Ereignissen hegen, schaffen wir ein beinahe unzertrennliches Band, mit dem wir uns an sie ketten. Wir sind emotional an jemanden gebunden, den wir hassen, sind innerlich gerüstet, uns gegenseitig zu bekämpfen; die betreffende Person ist so präsent, als säße sie im gleichen Raum, selbst wenn sie sich auf der anderen Seite des Globus befindet.

Wem schaden solche negativen Gefühle?

Nur uns selbst!

Wir sind die Leidtragenden, weil wir die volle Last der negativen Emotionen schultern müssen. Wir sind diejenigen, der sich innerlich zerfleischen. Die negativen Emotionen haben nicht nur zur Folge, dass wir uns schlecht fühlen, sondern sie können auch krank machen und sich letztendlich als Magengeschwür, Herzinsuffizienz, Bluthochdruck und Krebs manifestieren, um nur einige der offensichtlicheren Krankheiten zu nennen.

Loslassen ist also eine wirksame Möglichkeit, sich besser zu fühlen und Krankheiten vorzubeugen oder sie zu bekämpfen, indem man sich von den negativen Gefühlen gegenüber Menschen, Orten, Dingen, Situationen, Ereignissen usw. befreit.

Was ist Loslassen?

Loslassen ist keine Frage der Vergebung im christlichen Sinn, obwohl aufrichtige Vergebung sogar noch besser wäre als Loslassen, wenngleich wesentlich schwerer. Mit Loslassen meine ich lediglich: *Ziehen Sie einen Schlussstrich!* Das ist keine intellektuelle Übung. Sie müssen sich nicht mit einem Menschen oder einer Situation aussöhnen oder für sich selbst nach Erklärungen suchen, warum, wie oder ob der Akt des Loslassens überhaupt gerechtfertigt ist. Tun Sie es einfach.

Wenn Sie loslassen, vermeiden Sie, ständig mit sich selbst zu hadern; deshalb ist Loslassen eine hervorragende Strategie, um sich von Menschen zu befreien, denen Sie nur schwer verzeihen können.

Mit anderen Worten: Loslassen ist etwas, was Sie nicht für jemand anderen, sondern für sich selbst tun, für Ihre Gesundheit und Ihr seelisches Wohlbefinden. Loslassen ist kein Zeichen dafür, dass Sie sich in Großmut üben. Wenn es Ihnen gelingt, loszulassen, sich von der Bürde negativer Emotionen zu befreien, tun Sie das ausschließlich in dem Wissen, dass Sie sich danach erheblich besser fühlen. Dazu müssen Sie lediglich die Entscheidung treffen, loszulassen, immer wieder, bis Ihnen dieser Akt in Fleisch und Blut übergegangen ist.

Denken Sie daran, zuerst loszulassen

Interessant ist, dass Menschen, die mit positiven Affirmationen arbeiten (siehe 3. Kapitel über *Die Macht der Affirmation*), oft erst dann die angestrebten Ergebnisse erzielen, wenn sie anfangen, sich von negativen Anhaftungen zu befreien. Dafür gibt es einen triftigen Grund: Wenn wir an negativen Gefühlen festhalten, ziehen uns diese herunter, machen uns krank, trüben unser Denkvermögen und nehmen so viel Raum in unserem Leben ein, dass sie den Weg für das Gute blockieren, das wir anstreben. Und wenn wir mit positiven Affirmationen arbeiten, sollte der Weg für neue gute Wendungen in unserem Leben frei sein. Sie können das Loslassen üben, indem Sie jede der nachfolgenden Affirmationen laut aussprechen oder aufschreiben. Hier einige meiner bevorzugten selbstverstärkenden Aussagen, um problematische Menschen aus meinem Leben zu entlassen:

❀ Ich lasse dich vollständig los, ___.
Ich lasse dich los und lasse dich gehen, zu deinem höchsten Wohl.

Ich lasse dich vollständig und uneingeschränkt los, ___.

34

Ich segne dich mit Liebe und lasse dich gehen.

Ich lasse dich vollständig und von ganzem Herzen los, ___, zu deinem höchsten Wohl.

Manchmal spüren wir intuitiv, dass sich problematische Menschen an uns klammern, sodass wir auch für sie affirmieren können:

❀ ___, lass mich nun vollständig und uneingeschränkt los. Entspanne dich und lass mich gehen.

___, lass mich vollständig und von ganzem Herzen los. Alle Dinge zwischen uns sind in Harmonie, jetzt und immerdar.

Wenn eine Situation oder ein Ereignis Ihnen Kopfzerbrechen bereitet, können Sie sagen:

❀ Ich lasse dich vollständig und uneingeschränkt los, ___ (Situation, Gegebenheiten, Beziehung, Erfahrung oder Ereignis). Ich entspanne mich und lasse los.

Ich lasse nun sämtliche Gegebenheiten oder Beziehungen in meinem Leben los, die nicht länger meinem höchsten Wohl dienen. Ich lasse sie vollständig los und sie lassen mich vollständig los – zum höchsten Wohl aller.

Menschen loslassen, die wir lieben

Menschen loszulassen, die wir lieben, ist oft die wichtigste Trennung, die wir bewältigen müssen. Eine Beziehung zu den Kindern oder zum Partner, die zwanghafte Züge annimmt oder darauf abzielt, jemanden im Namen der Liebe zu beherrschen und zu kontrollieren, ist immer abträglich. Wahre Liebe bedeutet Befreiung und ermöglicht den Menschen, die uns nahestehen, zu wachsen, ihren Weg zu gehen und sich in einer Weise zu entwickeln, die für sie am besten ist.

Beispielsweise könnten wir uns gezwungen sehen, den heiß geliebten Sohn oder die Tochter zu ihrem eigenen höchsten Guten loszulassen; was zählt, ist das Beste für das Kind, nicht unser eigenes Wohl. Diese Form des Loslassens bringt in jedem Fall Frieden und Harmonie mit sich, stärkt darüber hinaus aber auch die Beziehung zu jedem Menschen, der uns lieb und teuer ist.

Falls Sie jemanden loslassen müssen, der Ihnen viel bedeutet, können Sie affirmieren:

❀ ___, ich lasse dich vollständig und von ganzem Herzen los, zu deinem höchsten Wohl. Ich liebe dich, und deshalb lasse ich dich gehen. Du bist völlig frei und ich bin völlig frei. Die einzige Realität zwischen uns ist vollkommene Harmonie.

Probleme oder Situationen loslassen

Manchmal gilt es, ein Problem oder eine Situation loszulassen, die uns schon lange zu schaffen machen. Wir verschwenden allzu viel emotionale oder mentale Energie damit, uns krampfhaft über etwas den Kopf zu zerbrechen oder uns Sorgen zu machen, obwohl in einem solchen Fall nur eines hilft: einen klaren Schlussstrich ziehen. Wenn wir das Problem oder die Situation loslassen, können sich diese ohne unser Zutun entwickeln, auf eine Weise, die letztlich am besten ist. Wenn wir uns ständig Gedanken und Sorgen machen, verhindern wir nur, dass sich das Problem irgendwann von allein löst.

In solchen Fällen können Sie affirmieren:

❀ Ich lasse ___ (Problem oder Situation) nun vollständig und von ganzem Herzen los. Ich gestatte dir, dich ohne mein Zutun zu entwickeln, zum höchsten Wohl aller Beteiligten.

Physisch loslassen

Um Platz für die neuen guten Ereignisse und Erfahrungen im Leben zu schaffen, ist es unerlässlich, auch auf der physischen Ebene loszulassen. Wir neigen dazu, alle möglichen Dinge zu sammeln und selbst dann noch zu horten, wenn wir sie längst nicht mehr brauchen oder benutzen.

Wenn Sie ein physisches, mentales oder emotionales Problem haben, lege ich Ihnen dringend nahe, so viel wie möglich loszulassen, auch auf der materiellen Ebene. Trennen Sie sich von Kleidung, Papieren, Büchern, Möbeln und anderen Sachen, die überflüssig geworden sind oder Ihnen nicht mehr zusagen. Vielleicht finden Sie jemanden, der Verwendung dafür hat, oder entsorgen Sie sie kurzerhand. Tun Sie, was Sie für richtig halten, aber »entrümpeln« Sie so weitgehend wie möglich.

Wenn Sie sich von alten Besitztümern trennen, werden Sie feststellen, dass Sie dabei Energien und Emotionen aufrühren, die alt und vielleicht in Vergessenheit geraten sind. Das kann eine ungemein spannende und interessante Erfahrung sein. Für viele Menschen ist das physische Loslassen von Besitztümern ein echtes Aha-Erlebnis, das ihnen die Augen öffnet. Danken Sie für alle Dinge, die Ihnen gute Dienste geleistet haben, und geben Sie diese an jemanden weiter, dem sie zugutekommen. Schließlich ist alles im Universum Energie, und Energie sollte weder eingesperrt werden noch stagnieren. Energie muss fließen, zirkulieren. Sie werden sich sofort besser fühlen, wenn Sie dazu beitragen, den Energiefluss wieder in Schwung zu bringen.

 Jede Krankheit ist grundlegend Blockade.

Jede Heilung ist grundlegend Zirkulation.

Loslassen zieht neue gute Ereignisse und Erfahrungen an

Mit dem »Großreinemachen« auf mentaler und physischer Ebene verschaffen Sie sich zum einen ein besseres Gefühl und zum anderen mehr Platz oder Freiraum in Ihrem Leben und somit die Möglichkeit, neue positive Ereignisse und Erfahrungen, neue Dinge, neue Energie und neue Menschen anzuziehen. Dass diese Strategie Sinn macht, liegt auf der Hand, oder? Denn wie sollen neue gute Ereignisse und Erfahrungen Einzug in Ihrem Leben halten, wenn es jetzt schon aus allen Nähten platzt?

Loslassen, sowohl mental als auch physisch, regt darüber hinaus die Kreativität an. Wenn man sich von alten Gewohnheiten, Ideen und Besitztümern trennt, haben neue Gedanken die Chance, die Lücke zu füllen. Sie werden durch den mentalen Freiraum, der entstanden ist, magisch angezogen. Machen Sie sich also keine Sorgen, wenn Sie sich eine Weile völlig einfallslos oder leer fühlen, sobald Sie Menschen, Gedanken und Dinge in Ihrem Leben losgelassen haben. Diese Leere ist ein sicheres Zeichen dafür, dass sich neue positive Ereignisse und Erfahrungen auf dem Weg zu Ihnen befinden. Man spürt sie immer, unmittelbar bevor man die besten neuen Einfälle und Gedankenblitze hat. Leere ist das Vakuum, das neue gute Ereignisse und Erfahrungen anzieht.

Beziehungen loslassen

Das Gleiche kann auch für Beziehungen gelten. Es kommt vor, dass wir der Beziehung zu Menschen, die wir lieben und schätzen, irgendwann entwachsen. Das hat nichts mit Ablehnung oder Zurückweisung zu tun – sondern mit der persönlichen Entwicklung, die wir alle durchmachen, jeder auf seine eigene Weise, zu seiner eigenen Zeit und in seine eigene Richtung. Wir sollten Menschen, die eine Zeit lang Energie, Erfahrungen und Raum auf diesem Planeten mit uns geteilt haben, danken und sie segnen, doch wir sollten zur nächsten Etappe unseres Weges weitergehen, wenn wir merken, dass wir auf der Stelle treten. Wenn wir sie mit Liebe loslassen, sodass alle Beteiligten sich auf die für sie beste Art entwickeln können, machen wir außerdem Platz für neue Beziehungen und neue Menschen in unserem Leben.

Im Zweifelsfall loslassen

Wenn Sie Zweifel an einer Entscheidung haben, sich Sorgen machen, sich Problemen gegenübersehen, die Ihnen im Moment unlösbar oder unüberschaubar erscheinen, oder wenn Sie an hartnäckigen gesundheitlichen Beschwerden leiden, sollten Sie das Loslassen jeden Tag praktizieren. Die Ergebnisse werden Sie verblüffen.

Allgemeine Aussagen zum Loslassen

Ich lasse jede Angst los.
Ich lasse jede Unruhe los.
Ich lasse jeden Schmerz los.
Ich lasse jeden Zweifel los.
Ich lasse jedes Bedauern los.
Ich lasse jede Anspannung los.
Ich lasse jede Traurigkeit los.
Ich lasse meinen Widerstand gegen
Veränderungen los.
Ich lasse jede Wut los.
Ich lasse jedes Schuldgefühl los.
Ich lasse jede Krittelei los.
Ich lasse jede Unversöhnlichkeit los.
Ich lasse jede Verletzung los.
Ich lasse jede Schuldzuweisung los.
Ich lasse jeden Groll los.
Ich lasse meine negativen Verhaltensmuster los.
Ich lasse meine negativen Gedanken los.
Ich lasse jeden Kampf los.
Ich lasse alte negative Gewohnheiten los.
Ich lasse jede Form der Einschränkung los.
Ich lasse meine negativen Überzeugungen los.
Ich lasse alle Schemata in meinem Bewusst-
sein los, die diese negative Grundhaltung
bewirkt haben.

42

Ich lasse ___ los (Besitztum, Wohnung, Arbeitsplatz, eine bestimmte Beziehung, usw.).

Ich segne ___ (Besitztum, Situation, usw.) mit Liebe und lasse sie los.

Ich lasse die Vergangenheit los.

Ich lasse die Zukunft los.

Ich lasse meine Ängste hinsichtlich ___ los.

Wählen Sie die Aussage, die am besten auf Ihre Bedürfnisse abgestimmt ist, und wiederholen Sie diese fünfzehnmal laut nacheinander, am besten mehrmals am Tag. Sie können sie auch fünfzehnmal stumm wiederholen oder fünfzehnmal in Ihr Notizbuch schreiben. Die gesprochenen Worte des Loslassens haben eine besonders nachhaltige Wirkung, aber stumme oder schriftliche Affirmationen können ebenfalls sehr effektiv sein, vor allem, wenn Sie sich am Arbeitsplatz oder in einer Situation befinden (zum Beispiel unmittelbar vor der nächsten Mitarbeiterbesprechung), in der es schwierig oder unangenehm wäre, herumzumarschieren und fünfzehnmal nacheinander hörbar zu bekräftigen: »Ich lasse alle Ängste und Zweifel los!«

5

Die Macht
des Nein

Da alles, worauf wir unser Augenmerk richten, die Neigung hat, zu wachsen und sich zu vermehren, verleihen wir dem Negativen Macht, wenn wir uns darauf fokussieren. Folglich wächst und vermehrt es sich in unserem Leben.

Wenn wir das Negative leugnen und uns weigern, ihm Aufmerksamkeit zu schenken, entziehen wir ihm Macht – und deshalb schrumpft und schwindet es durch den Mangel an Beachtung.

Wenn Sie, wie Catherine Ponder in *Die dynamischen Gesetze der Heilung* vorschlägt, affirmieren:

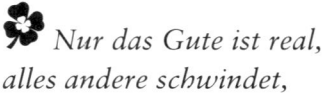

Nur das Gute ist real,
alles andere schwindet,

werden Sie bald feststellen, dass Sie keine Lust mehr haben, Ihre Macht oder Aufmerksamkeit an negativen Input gleich welcher Art zu verschwenden.

44

Sagen Sie Nein zum Jammern

Wenn Sie aufmerksam zuhören, worüber sich die Leute unterhalten, werden Sie feststellen, dass sich die meisten permanent über irgendetwas beklagen. Wenn es nicht um Geldprobleme oder das Wetter geht, dann um ihre Gesundheit, die Kinder oder zwischenmenschliche Beziehungen. Und da sie fortwährend über Mangel und Schwierigkeiten in ihrem Leben reden, ziehen sie immer wieder aufs Neue Mangel und Schwierigkeiten an.

Weigern Sie sich, ständig zu jammern. Weigern Sie sich, negative Gefühle und Ängste bei sich selbst und anderen zu unterstützen. Ziehen Sie sich zurück. Halten Sie sich aus solchen Gesprächen heraus. Wenn Sie außerstande sind, Ihre Einstellung laut zum Ausdruck zu bringen, sagen Sie wenigstens stumm zu sich selbst: »Nein. Nein. Nein. Das ist nicht wahr, das akzeptiere ich nicht.«

Die Leute werden irgendwann die Lust verlieren, zu jammern – zumindest in Ihrem Beisein –, wenn sie merken, dass Sie ihre negative Denkweise weder unterstützen noch an der Unterhaltung teilnehmen.

Wenn Sie mutig sind, sagen Sie offen, dass Sie die Situation anders sehen. Sie können sanft auf einen konstruktiven Aspekt verweisen und versuchen, das Gespräch auf ein positives Thema zu lenken. Sagen Sie beispielweise:

❀ Erzähl mir lieber, was dir heute Gutes widerfahren ist!

Und noch wichtiger: Verzichten auch Sie darauf, zu jammern. Weigern Sie sich, Ihre Macht an negative Gefühle und Worte zu verschwenden. Jedes Wort, das über Ihre Lippen kommt, ist eine Affirmation. Ihr Wort ist Gesetz. Ihre Aussagen stellen Selbstinstruktionen für Ihr Leben dar. Was Sie verlauten lassen und verkünden (aussprechen), wird buchstäblich Ihre Realität. Also Vorsicht!

Suhlen Sie sich nicht in Schwierigkeiten, Problemen, gesundheitlichen Beschwerden und Schmerzen. Weigern Sie sich, darüber zu sprechen. Weigern Sie sich, ihnen Macht zu verleihen. Wenn man Sie fragt, wie es Ihnen geht, sagen Sie etwas Positives. Sie können immer etwas Gutes in Ihrem Leben finden und darüber berichten. Und dann wird dieses Gute wachsen, auf das Sie sich konzentrieren, vor allem, wenn Sie ausgiebig davon erzählen, es allerseits verkünden und loben.

Falls Ihnen auf Anhieb nichts Gutes einfällt, das Sie erwähnen könnten, schweigen Sie einfach. Schweigen ist eine weitere Möglichkeit, auf negative Äußerungen zu verzichten. Wenn Sie kein Wort über Probleme und Schwierigkeiten verlauten lassen, ihnen keinen Raum geben, geben Sie ihnen auch keine Macht.

Sagen Sie Nein zu Klatsch und Tratsch

Weigern Sie sich, Klatsch zu verbreiten, ständig nach dem Haar in der Suppe zu suchen oder negativ über andere zu sprechen.

Wenn Sie Menschen Lob und Anerkennung zollen, selbst solchen, die schwierig sind oder Ihnen den letzten Nerv rauben, tritt ein erstaunlicher Wandel ein. Das gilt vor allem für Leute, die Ihnen hart zusetzen. Es ist, als würde das Gute in ihnen die Oberhand gewinnen, sobald Ihre positiven Worte sie auf der unbewussten Ebene erreichen. Auch hier wächst wieder, was wir in den Brennpunkt unserer Gedanken und Vorstellungen rücken.

Das funktioniert folgendermaßen: Wenn wir von vornherein davon ausgehen, dass ein Mensch schwierig ist, entpuppt sich die Beziehung zu ihm meistens als genau das. Richten wir unser Augenmerk stattdessen auf seine guten Seiten, verlaufen die Begegnungen mit ihm in der Regel unverhofft erfreulich.

Sagen Sie Nein zu Medienberichten
mit gewalttätigen und negativen Inhalten

Wie können wir erwarten, dass das Gute wächst, wenn wir zulassen, dass uns die Medien mit negativen Informationen bombardieren – gewalttätige Kinofilme, bedrückende Fernsehsendungen, Berichte und Zeitungsartikel über neurotische Menschen, traurige Geschichten, die Elend und Grauen zum Thema haben? Ihre Zeit ist kostbar und alles, worauf Sie Ihre Aufmerksamkeit richten, erhält Gewicht, denn es wächst und nimmt beträchtlichen Raum in Ihren Gedanken ein. Also achten Sie darauf, der Gewalt und/oder negativen Gedanken und Vorstellungen keine Macht zu verleihen.

Sagen Sie Nein zu Klagen über Mangel
und Knappheit

Wie im 10. Kapitel über *Die Macht des Geldes* erwähnt, ziehen Menschen, die andauernd jammern und ihr Augenmerk auf finanzielle Engpässe, Schulden, unzureichendes Einkommen, hohe Steuern, steigende Lebenshaltungskosten usw. richten, Mangel und Knappheit geradezu an. Sagen Sie Nein zu solchen Klagen. Weigern Sie sich, Ihre Macht an derartig trostlose Gedanken zu verschwenden. Wenn Leute darüber reden, wie schlecht es ihnen geht, sagen Sie ihnen (oder denken Sie es sich zumindest, wenn Sie sich nicht trauen), dass Sie das aus einer völlig anderen Warte sehen.

Sagen Sie laut oder zu sich selbst:

❀ Wir leben in einem Universum, in dem eine unendliche, unerschöpfliche Fülle herrscht. In diesem Universum ist alles in unbegrenzter Menge vorhanden, Geld eingeschlossen. In dieser Welt gibt es eine unermessliche Vielfalt von Ressourcen und Geld genug für alle.

Sagen Sie Nein zu Krankheiten

Dasselbe gilt auch für Krankheiten. Weigern Sie sich, ihnen Macht einzuräumen. Wenn Sie Ihre Aufmerksamkeit auf jedes kleine Wehwehchen fokussieren, wachsen und mehren sich die Gesundheitsprobleme. Ein aufschlussreiches Beispiel beschreibt der indische Internist, Ayurveda-Arzt und Buchautor Deepak Chopra in seinem Buch *Die heilende Kraft*.

Eine Frau kommt mit starken Schmerzen ins Krankenhaus; sie vermutet, dass es sich um eine Gallenkolik handelt. Bei der nachfolgenden Operation entdecken die Ärzte, zu denen auch Chopra gehört, einen Tumor, der bereits überall Metastasen gebildet hat. Sie schließen die Naht in dem Glauben, man könne nichts mehr für sie tun. Als Chopra ihre Tochter nach dem Eingriff über den Befund aufklärt, erwidert diese: »Herr Doktor, bitte sagen Sie meiner Mutter kein Wort davon. Sie stirbt auf der Stelle, wenn sie weiß, dass sie Krebs hat.« Er verspricht es ihr.

Die Frau wird aus dem Krankenhaus entlassen, und Chopra erwartet, sie nie wieder zu sehen. Zu seiner großen Überraschung kehrt sie dreizehn Monate später zur Kontrolle zurück. Trotz gründlicher Untersuchung ist kein Anzeichen des Tumors zu entdecken. Als Chopra ihr mitteilt, dass sie völlig gesund ist, erklärt sie: »Herr Doktor, nachdem meine Gallenblase entfernt wurde, beschloss ich, nie wieder krank zu werden.«

Was ist Krankheit überhaupt?

Und warum sterben manche Leute an einer Krankheit, während andere genesen und wieder gesund und munter sind?

Glaube erzeugt Biologie.
Norman Cousins

50

Der mentale Zustand kontrolliert den Körper

Körper und Immunsystem werden vom mentalen Zustand nachhaltig beeinflusst. Wissenschaftler haben nachgewiesen, dass bedrückende oder negative Gedanken das Immunsystem schwächen, während frohe oder positive Gedanken stärkend wirken.

Norman Cousins schildert in seinem Buch *Der Arzt in uns selbst*, was ihm widerfuhr. Er litt an einer unheilbaren Krankheit. Die Ärzte eröffneten ihm, dass er bald sterben würde. Völlig am Boden zerstört stieg er in einem Hotel in Chicago ab und lieh sich alle möglichen witzigen Videofilme aus, die ihm einfielen – unter anderem auch von seinem Lieblingskomiker Groucho Marx. Dann legte er sich ins Bett, sah sich die Filme an und lachte sich kaputt; so ging es drei Wochen lang. Ohne dass er es merkte, genas er von seiner unheilbaren Krankheit wie von Zauberhand, zur großen Verwunderung seiner Ärzte und aller, die davon wussten.

In *Die Körperzeit* erklärt Deepak Chopra: »Die Revolution, die wir Geist-Körper-Medizin nennen, gründet auf dieser einfachen Entdeckung: Wo immer ein Gedanke auftaucht, ist er von einer chemischen Substanz begleitet. Daraus müssen wir schließen, dass der Körper fähig ist, jede beliebige biochemische Reaktion auszuführen, sobald der

Geist den entsprechenden Vorschlag gemacht hat. […] Wenn wir die Absicht […] tatsächlich auslösen könnten, würde der Körper sie automatisch ausführen.«

Sagen Sie Nein zu negativen Denkmustern

Die meisten Menschen finden es noch schwieriger, negative Gedanken kategorisch auszuklammern. Doch gerade das ist ungeheuer wichtig, vor allem, wenn wir uns mit Problemen und Schwierigkeiten konfrontiert sehen. Nein zu sagen, wenn sich negative Gedanken einschleichen, ist ein absolutes Muss.

Die Zehn-Tage-Mentaldiät

Diese wirksame mentale Technik habe ich in dem Buch *Das Robbins Power Prinzip* von Anthony Robbins gefunden. An zehn aufeinanderfolgenden Tagen ist es strikt verboten, sich länger als eine Minute mit negativen, unproduktiven oder furchtsamen Gedanken und Vorstellungen zu befassen. Falls Sie sich bei einem Verstoß gegen diese Regel ertappen, gilt es, die Aufmerksamkeit umgehend auf etwas Positives oder Schönes zu lenken.

Jedes Mal, wenn Sie feststellen, dass sich Ihre Aufmerksamkeit länger als eine Minute auf etwas Negatives konzentriert, müssen Sie mit der Zehn-Tage-Diät wieder von vorne beginnen.

Dieses mentale Training macht Spaß. Sie sollten unverzüglich damit beginnen. Sie werden sich wundern, was Sie dabei entdecken!

6

Die Macht
der Visualisierung

Die Macht zu denken, sich etwas vorzustellen, der Fantasie freien Lauf zu lassen und mentale Bilder zu schaffen ist ständig wirksam. Gleich, ob bewusst oder unbewusst, wir erzeugen oder sehen ständig Bilder vor unserem inneren Auge. Diesen Vorgang, Denkvorgänge mit anschaulichen Bildern zu hinterlegen, bezeichnet man als »Visualisieren« (oder kreative Visualisierung).

Die Begleiterscheinungen und Folgen dieses Phänomens sind enorm.

Ist Ihnen schon einmal aufgefallen, dass Menschen, die depressiv sind, negativ denken und auf Schritt und Tritt Tod und Verderben, Verzweiflung und Misserfolg erwarten (sich vorstellen oder visualisieren), in der Regel ein freudloses, von Hoffnungslosigkeit geprägtes Leben führen? Und dass heitere, fröhliche Menschen, die positiv denken und in jeder Situation mit einem positiven Ausgang rechnen, in der Mehrzahl erfolgreich und zufrieden sind?

Der menschliche Geist kann
alles vollbringen,
woran er glaubt.

Napoleon Hill

Die gute Neuigkeit

Die gute Neuigkeit lautet: Wir können die Macht, etwas bildhaft vor uns zu sehen, es uns auszumalen oder vorzustellen dazu verwenden, genau das Leben herbeizuführen, das wir uns wünschen.

Wir alle bedienen uns ständig dieser Macht der bildhaften Vorstellung, wenn die meisten auch unbewusst visualisieren. Mit anderen Worten, sie erkennen nicht, was sie tun. Sie merken nicht, dass sie sich fortwährend bestimmte Vorstellungen machen, von sich selbst, von anderen und von der Welt generell. Und falls es ihnen doch bewusst ist, haben sie oft keine Ahnung, welche Auswirkungen der Prozess der »mentalen Verbildlichung« auf ihr Leben haben kann. Das ist bedauerlich, denn viele benutzen die Macht der Fantasie oder Visualisierung, um sich Schmerz, Leid und Misserfolg in ihrem Leben auszumalen, obwohl sie mit ein wenig Übung dieses Machtpotenzial ausschöpfen könnten, um ihre Lebensqualität zum höchsten Wohl aller zu verbessern.

Visualisierung wirkt sich auf
die Gesundheit aus

Die Macht der Fantasie oder die Vorstellungskraft des Menschen wirkt sich auch auf die Gesundheit aus. Das liegt daran, dass jeder Gedanke eine biochemische Reaktion im Körper erzeugt oder auslöst, wie wissenschaftlich nachgewiesen wurde. Deshalb betonen viele Vertreter der *Human-Potential*-Bewegung (einer Organisation, die sich zum Ziel gesetzt hat, alle Möglichkeiten des Menschen auszuloten und auszuschöpfen) wie José Silva, O. Carl Simonton, Louise L. Hay, Bernie Siegel, Wayne W. Dyer, Stuart Wilde, Deepak Chopra und andere, dass der Körper automatisch danach strebt, ein Vorhaben in die Praxis umzusetzen, wenn wir lernen, positive Selbstinstruktionen durch entsprechende Programmierung in unserem Unterbewusstsein zu verankern und auszulösen. Leider halten sich viele Leute an negative Glaubenssätze. Wichtig ist jedoch, sich an Folgendes zu erinnern, wie Deepak Chopra in *Die Körperzeit* bemerkt: »Absicht ist der aktive Partner von Aufmerksamkeit. Unsere bisherigen Absichten erzeugen ein überholtes Programm, das uns scheinbar beherrscht. In Wirklichkeit kann die Macht der Absicht aber in jedem beliebigen Moment erneuert werden ...

und Sie können Ihren Geist durch die Kraft Ihrer Absicht bewusst programmieren.«

Blaupausen für das Leben

Unsere Gedanken und Vorstellungen sind Blaupausen, die wir in unserem Unterbewusstsein speichern. Unser Leben ist eine praktische Umsetzung dieser Gedanken, Konzepte und Bilder, gleich, ob es sich um positive oder negative handelt. Auf dieser äußeren, physischen Ebene manifestiert sich in unserem Leben genau das, was sich in unserem Kopf, auf der mentalen Ebene, abspielt.

❀ Anhaltende Gedanken an Krankheit erzeugen Krankheit.

Anhaltende Gedanken an Gesundheit erzeugen Gesundheit.

Es ist alles nur Einbildung

Kennen Sie die Redensarten »Das bildest du dir nur ein« oder »Das existiert nur in deiner Fantasie«? Sie enthalten mehr als ein Körnchen Wahrheit. Wenn das menschliche Vorstellungsvermögen so große Macht besitzt, dass wir mit seiner Hilfe Gesundheit und Glück herbeiführen können, indem wir uns angewöhnen, nur gute, positive Situationen und Erfahrungen zu visualisieren, haben wir ein ungeheuer wirkungsvolles Mittel zur Hand, um das Leben auf unserem Planeten Erde grundlegend zu verbessern.

Beschließen Sie also jetzt gleich, Ihre mentalen Bilder jedes Mal, wenn Sie ein »negatives« Ergebnis für sich selbst oder andere erwarten, mit Vorbedacht zu ändern und sich einen positiven Verlauf der Ereignisse vorzustellen. Sobald Sie beginnen, Ihre Gedanken zu beobachten – Ihre mentale innere Stimme, die Ihnen ständig etwas einredet –, werden Sie staunen, was Sie dabei über sich selbst entdecken.

Es heißt, dass neunundneunzig Prozent der Gedanken, die wir heute denken, eine Wiederholung dessen sind, was wir gestern gedacht haben. Und wenn jemand ständig mit dem Schlimmsten rechnet … sind die Aussichten ziemlich düster, finden Sie nicht?

Nehmen Sie also Ihren inneren Dialog genau unter die Lupe und versuchen Sie bewusst, ihm einen positiven Grundtenor zu verleihen. Darüber hinaus können Sie mit bestimmten Übungen die Fähigkeit entwickeln und trainieren, sich erfolgreiche Ergebnisse vorzustellen und sich selbst, Ihren Körper und Ihr Verhalten umzuprogrammieren.

Visualisierungsübung

Nachfolgend finden Sie eine einfache, grundlegende Visualisierungsübung, die Sie täglich durchführen können. Es gibt viele Übungen dieser Art; hier wird der Ablauf nur in groben Zügen beschrieben. Wichtig ist, eine Methode zu finden, die Ihnen zusagt, und mit der regelmäßigen Anwendung zu beginnen.

Halten Sie sich vor Augen: Übung macht den Meister. Ihre Gedanken gleichen einem Wasserreservoir, das durch zahllose negative Denkmuster und Bilder trübe geworden ist. Wenn Sie klares frisches Wasser hinzufügen (neue positive Denkmuster und Bilder), wird der See nach und nach klarer. Es dauert vielleicht eine Weile, doch früher oder später werden Sie Veränderungen in Ihren Denk- und Verhaltensmustern und schließlich auch in Ihrem Leben bemerken.

Um bestmögliche Ergebnisse zu erzielen, vor allem gleich zu Beginn, sollten Sie jeden Tag ein und dieselbe Visualisierungsübung durchführen, an dreißig Tagen in Folge. Ungefähr diesen Zeitraum braucht das Unterbewusstsein, um neue Bilder zu akzeptieren und zu verankern. Danach können Sie Ihre Aufmerksamkeit auf ein anderes Thema oder einen anderen Bereich Ihres Lebens fokussieren.

Schritt eins: Entspannen

Es gibt viele Möglichkeiten, sich zu entspannen. (Siehe 7. Kapitel über *Die Macht des Alphazustands*.) Gleichgültig welche Methode Sie auch bevorzugen, das Ziel besteht darin, mentale und muskuläre Anspannung abzubauen, sich seelisch und körperlich zu lockern, abzuschalten und die Gehirnwellen zu verlangsamen, sodass Sie in den Alphazustand eintreten können und der Geist für neue positive Vorstellungen und Ideen offen ist. Sobald Sie sich rundum entspannt fühlen, gehen Sie zu Schritt zwei über.

Schritt zwei: Visualisieren

Woran wollen Sie arbeiten? Welcher Bereich Ihres Lebens bedarf am dringendsten einer Veränderung? Streben Sie eine stabilere Gesundheit, Erfolg im Beruf oder mehr Harmonie in einer Beziehung an? Was immer es auch sein mag: Sobald Sie rundum entspannt sind, sollten Sie ein konkretes mentales Bild des positiven Ergebnisses schaffen, das Sie erreichen wollen.

Stellen Sie sich beispielsweise die Situation oder den Gesundheitszustand vor, die/der Ihnen erstrebenswert erscheint, ausgeschmückt mit so vielen Einzelheiten wie möglich. *Wichtig ist: Visualisieren Sie immer in der Gegenwartsform, denn das Unterbewusstsein kennt weder Vergangenheit noch Zukunft.* Ihr Wunsch sollte so behandelt werden, als würde er *jetzt, in eben diesem Augenblick,* sicht- und greifbare Wirklichkeit. Wenn Sie die Erfüllung irgendwann in der Zukunft ansiedeln, bleibt sie der Zukunft verhaftet, und Sie können bis zum Sankt-Nimmerleins-Tag darauf warten! Deshalb sehen Sie die Situation vor sich, als wäre sie bereits eingetreten; stellen Sie sich alles genau und mit sämtlichen Sinnen vor. Spüren Sie die Freude, spüren Sie die Gefühle, die diese neuen guten Ergebnisse und Erfahrungen in Ihnen auslösen. Eine gute Gesundheit ist mit einem guten Gefühl verbunden, oder? Eine bessere Beziehung zu Ihrem Chef bewirkt vermutlich, dass Sie Ihrer Arbeit entspannter und zufriedener nachgehen. Versuchen Sie, die Empfindungen *zu spüren*! Gestatten Sie sich, sich zu freuen und die neue gute Wendung in Ihrem Leben zu genießen!

Wenn Sie sich die neue gute Situation in Ihrem Leben einige Minuten lang bildlich vorgestellt haben, lassen Sie die Augenmuskulatur leicht werden. Dann öffnen Sie langsam die Augen und nehmen den Raum ringsum wahr. Sie können die Wirkung der Übung noch verstärken, indem Sie laut bekräftigen: »Ich bin jetzt hellwach und glücklicher und gesünder als jemals zuvor.« Danach kehren Sie zu Ihrer regulären Beschäftigung zurück.

Um die bestmöglichen Resultate zu erzielen, sollten Sie versuchen, diese Übung jeden Tag durchzuführen.

Die Glücksrad-Technik

Die Lektüre von Catherine Ponders Buch *Die dynamischen Gesetze der Heilung* machte mich auf die »Glücksrad-Technik« aufmerksam, eine weitere wirksame Methode, um eine verbesserte Lebensqualität zu visualisieren und zu erreichen. Das sogenannte Glücksrad besteht aus laminiertem Karton oder Pappe, den oder die Sie mit ansprechenden, bunten Bildern bekleben, die für das Gute stehen, das Sie in Ihrem Leben manifestieren wollen. Überlegen Sie vorab, welche Art Glücksrad Sie anfertigen möchten.

Das allgemeine Glücksrad: Sie können ein allgemeines Glücksrad herstellen, das sämtliche Bereiche Ihres Lebens abdeckt. Dafür unterteilen Sie den Karton oder die Pappe in vier oder fünf verschiedene Sektionen, zum Beispiel: 1) Gesundheit, 2) Materieller Wohlstand, 3) Familie, 4) Freunde, 5) Spirituelle Suche/Entwicklung. Halten Sie in Büchern und Zeitschriften nach heiteren, lebensfrohen Bildern Ausschau, die den angestrebten Gesundheitszustand, den beruflichen Erfolg, die familiäre Harmonie usw. veranschaulichen – Wünsche also, die sich in Ihrem Leben manifestieren sollen. Kleben Sie die Bilder in den jeweiligen Bereich. Schreiben Sie in die Mitte der Collage eine positive Affirmation oder einen Segen, mit dem Sie Ihr Glücksrad dem eigenen höchsten Wohl und dem der ganzen Menschheit weihen.

Das spezifische Glücksrad: Sie können auch für jeden Bereich Ihres Lebens ein eigenes Glücksrad anfertigen und es beispielsweise dem Thema materieller Wohlstand, Liebe oder Gesundheit widmen. Die Vorgehensweise ist im Prinzip die gleiche. Suchen Sie für Ihre Collage fröhliche bunte Bilder, die das angestrebte positive Ergebnis aufzeigen.

Wichtige Punkte

Hüten Sie das Geheimnis: Vermeiden Sie, das Glücksrad, das Sie gemacht haben, anderen zu zeigen oder darüber zu reden. Bewahren Sie es an einem geheimen Ort auf. Sie müssen niemanden zu der Ansicht bekehren, dass das, an was Sie glauben, gut und richtig für Sie ist. Das geht keinen etwas an und Sie wollen doch sicher verhindern, dass Ihre neu gewonnene Macht durch Krittelei oder negative Bemerkungen erschüttert wird.

Werfen Sie jeden Tag einen Blick auf Ihr Glücksrad: Schauen Sie sich die Collage mit Ihren Wünschen jeden Tag ein paar Minuten an, wenn Sie alleine sind. Schweigen Sie über das, was Sie tun, aber tun Sie es jeden Tag.

Seien Sie achtsam: Die Macht der Visualisierung ist ungeheuer groß, deshalb sollten Sie Ihre Bilder mit Bedacht auswählen. Denken Sie daran, dass sie genau das verkörpern, was Sie in Ihrem Leben erreichen wollen. Verwenden Sie daher keine einschränkenden, düsteren oder negativen Bilder, sondern solche mit einem ansprechenden, kühnen, heiteren, farbenfrohen Szenario. Und beachten Sie, dass weniger oft mehr ist: Überladen Sie Ihr Glücksrad nicht mit Bildern, sondern sorgen Sie für eine klare Linie, um Verwirrung vorzubeugen.

Gehen Sie keine Kompromisse ein: Die Glücksrad-Technik ist keine intellektuelle Übung, deshalb dürfen Sie bei der Wahl des Guten, das Sie sich wünschen, die Logik getrost außer Acht lassen. Ergründen Sie, was Sie sich aufrichtig wünschen, ohne Rücksicht darauf, was andere für Sie wollen oder was Sie Ihrer eigenen Auffassung nach realisieren könnten oder sollten. Hören Sie auf die Weisheit Ihres Herzens und stellen Sie sich bildlich vor, was Sie in Ihrem tiefsten Innern erreichen und manifestieren wollen.

Farben: Benutzen Sie Papier in verschiedenen Farben als Hintergrund für die jeweiligen Themenbereiche:

- Grün oder Gold für materiellen Wohlstand
- Weiß oder Gelb für spirituelles Wachstum und Verständnis
- Orange oder ein kräftiges Gelb für Gesundheit und Energie
- Blau für intellektuelle Errungenschaften
- Rosa oder Pink für Liebe und Harmonie

Segnen Sie Ihr Glücksrad: Weihen Sie Ihr Glücksrad dem höchsten Wohl aller Beteiligten, indem Sie ein spirituelles Symbol oder einen Segensspruch darauf anbringen.

Die Glücksrad-Technik hilft Ihnen, die neuen guten Erfahrungen, die Sie in Ihrem Leben anstreben, zu visualisieren und mental zu akzeptieren oder zu verankern. Wenn sich Ihre Wünsche manifestieren und Ihr Leben sich zu verändern beginnt, werden Sie vielleicht das Bedürfnis verspüren, ein neues Glücksrad herzustellen, das auf ihre neuen Lebensumstände abgestimmt ist.

Das Glücksrad im Taschenformat

Wenn es Ihnen schwerfällt, ein großes Glücksrad anzufertigen, oder wenn Sie ein kleines im Taschenformat vorziehen, das Sie tagsüber mit sich herumtragen können, sollten Sie sich ein geheimes kleines Notizbuch für Ihre Collage zulegen. Kleben Sie Bilder hinein, die lebendig wirken und Ihren kühnen Träumen entsprechen, und notieren Sie rundherum Affirmationen und Segenssprüche. Dann können Sie jedes Mal, wenn Sie während des Tages einen Augenblick Zeit haben, die Bilder betrachten, um mit Ihren Gedanken weiterhin auf einem positiven Kurs zu bleiben und Ihr Augenmerk unbeirrt auf die Visualisierung der neuen guten Situationen und Erfahrungen in Ihrem Leben zu richten.

Visualisieren Sie Gutes für andere

Wir können nicht nur für uns selbst Gutes manifestieren, sondern unsere Macht nutzen, um auch für andere Gutes zu erwirken. Nehmen Sie sich einen Moment Zeit, um sich vorzustellen, auszumalen und zu visualisieren, wie das Leben beschaffen sein sollte, das Sie sich für einen Menschen wünschen, der Ihnen nahesteht und Probleme hat.

Haben Sie vielleicht einen kranken Verwandten und denken ständig daran, dass es mit ihm bergab geht? Können Sie nicht umhin sich vorzustellen, wie er in seinem abgedunkelten Schlafzimmer oder in einem sterilen Zimmer im Krankenhaus liegt? Sehen Sie immer neue Schwierigkeiten, Schmerzen und Leiden auf ihn zukommen? Oder sind Sie überzeugt, dass er wieder gesund wird? Malen Sie sich aus, wie er sich erholt, leicht und mühelos? Weigern Sie sich beharrlich, Ihre Aufmerksamkeit auf seine Krankheit zu fixieren? Ist er in Ihrer Vorstellung wieder so, wie er früher war – heiter und unbeschwert, im Vollbesitz seiner Kräfte und vor Gesundheit strotzend? Sehen Sie, wie ein Lächeln sein Gesicht erhellt und ein Lied über seine Lippen kommt?

Selbst wenn dies im Moment noch eine Wunschvorstellung sein sollte, können Sie die verborgene Kraft der positiven Bilder von Gesundheit und Glück nicht nur für sich selbst, sondern auch für andere aktivieren. Wenn Sie also an Menschen denken, die Ihnen viel bedeuten, nutzen Sie doch einfach die Macht der Visualisierung, um auch ihnen etwas Gutes zu tun! Unsere Gedanken arbeiten stets auf der Schwingungsebene und beeinflussen die Menschen in unserem Umfeld. Deshalb wirken positive Bilder, die wir für andere visualisieren, wie eine Art Lob und Segen auf unsichtbarer Ebene. (Siehe 17. Kapitel über *Die Macht von Lob und Segen*.) Unterschätzen Sie niemals Ihre Macht, auch für andere Menschen das Gute in jeder Situation herbeizuführen.

Mentale Akzeptanz

Während Sie weiterhin Ihre Visualisierungsübungen machen und dabei die zuvor beschriebenen Techniken anwenden, werden Sie feststellen, dass Sie die Bilder und Szenarien, die Sie für sich selbst und andere entworfen haben, langsam aber sicher *glauben und akzeptieren*. Sie werden merken, dass sich diese Überzeugung und Akzeptanz zunehmend natürlich und richtig anfühlen, sowohl emotional als auch mental. Dann ist es an der Zeit, bereit zu sein, denn sobald Sie dieses Stadium erreicht haben, geschehen plötzlich erstaunliche Dinge in Ihrem Leben ...

❀ Ihre Bilder werden Realität!
Herzlichen Glückwunsch!
Sie haben gerade das große Los im sogenannten Spiel des Lebens gezogen!

7

Die Macht
des Alphazustands

Alpha ist ein fantastisches Abenteuer und eine Reise wert – besser noch als Hawaii!

Was ist Alpha?

Alpha ist der Zustand, in dem wir uns befinden, wenn sich die Hirnströme auf etwa die Hälfte ihrer normalen Frequenz verlangsamen. Das geschieht auf natürlichem Weg unmittelbar vor dem Einschlafen und morgens vor dem Aufwachen. Forscher haben herausgefunden, dass auch der Körper regeneriert, wenn das Gehirn den Alphazustand erreicht. Der Blutdruck normalisiert sich, die Pulsfrequenz stabilisiert sich, Organe, die unter Stress und Anspannung leiden, lockern sich, und wir fühlen uns generell erfrischt und voller Energie.

Wissenschaftler ordnen die Hirnwellen verschiedenen Gruppen zu: Wenn wir aktiv und hellwach sind, weisen die Hirnströme eine Frequenz von 14–21 Hertz pro Sekunde auf. Diesen Zustand bezeichnet man als Betazustand. Wenn wir entspannt oder kurz vor dem Einschlafen sind, verlangsamen sich die Hirnwellen auf 7–14 Hertz pro Sekunde, und damit haben wir den sogenannten Alphazustand erreicht. Beim Eintritt in die Schlafphase ist der Frequenzbereich noch niedriger. Bei einem leichten Schlaf treten Theta-Wellen mit einer Frequenz von 4–7 Hertz auf, und in der Tiefschlafphase, die mit Delta-Wellen gekoppelt ist, liegt die Frequenz unter 4 Hertz.

Betawellen:
  Frequenzbereich 14–21 Hertz
  hellwach
  bei vollem Bewusstsein

Alpha-Wellen:
  Frequenzbereich 7–14 Hertz
  tief entspannt
  Zustand der inneren Bewusstheit

Theta-Wellen:
  Frequenzbereich 4–7 Hertz
  leichter Schlaf
  Zustand der inneren Bewusstheit

Delta-Wellen:
  Frequenzbereich unter 4 Hertz
  tiefer Schlaf
  Zustand des Unbewussten

Das anvisierte Ziel

Der Alphazustand ist folglich ein erstrebenswertes
Ziel. Warum? Weil es sich um einen natürlichen
Zustand handelt, in dem wir uns rundum wohl-,
heiter, entspannt und in Harmonie mit uns selbst
und der Welt fühlen. Menschen, die sich im Alphazustand befinden, geht es gut.
Es gibt zahlreiche Techniken, um den Alphazustand
herbeizuführen, zum Beispiel Meditation, Singen
(Mantras oder immer wiederkehrende Worte), Beten, das Hören entspannender Musik, autogenes
Training, Biofeedback, usw. Viele Leute haben ihre
eigene Methode entwickelt, sich in den Alphazustand zu versetzen. Manchen gelingt das sogar
mit ihren Tagträumereien … sie wissen es nur nicht.
Im Handel sind auch Entspannungskassetten erhält-
lich, um leicht und mühelos in den Alphazustand zu
gelangen.

Nutzen Sie den Alphazustand, um sich umzuprogrammieren

Im Alphazustand können Sie nicht nur Spannungen abbauen und Körperfunktionen stabilisieren, sondern sich auch nachhaltig umprogrammieren, das heißt, sich vom Zwang alter Denk- und Verhaltensmuster lösen. Diese mentalen Programme, die unbewusst ablaufen, lassen sich leichter ändern, wenn sich das Unterbewusstsein im Alphazustand befindet, also entspannt, offen und für Neues empfänglich ist. Viele Menschen nutzen den Alphazustand, um sich (durch diese Form der Konditionierung) von gesundheitlichen Problemen zu befreien oder den Weg für große und kleine Veränderungen in ihrem Verhalten und in ihrem Leben zu ebnen. All das ist im aufnahmebereiten Alphazustand möglich.

Schöpferische Visualisierungen wirken besser im Alphazustand

Wenn Sie entspannt sind, sich im Alphazustand befinden und sich bildlich die neuen guten Situationen und Erfahrungen vorstellen, die Sie sich in Ihrem Leben wünschen, manifestieren sich Ihre Vorstellungen schneller. (Siehe 6. Kapitel über *Die Macht der Visualisierung*.)

Der Alphazustand öffnet Ihr Unterbewusstsein und dieses akzeptiert die Visualisierungen ohne Einmischung des Verstandes. Das bedeutet, dass Sie im Alphazustand nicht lange nach Erklärungen suchen müssen, *wie* sich das neue Gute in Ihrem Leben realisiert. Sie müssen weder logisch begründen noch verstehen, wie es sich manifestiert. Sie müssen lediglich das Gute visualisieren, das Ihnen vorschwebt, und danach spüren und glauben, dass es sich verwirklicht, im Hier und Jetzt.

Die Silva-Mind-Control-Methode

Mit der Mind-Control-Methode von José Silva ist es Ihnen ein Leichtes, sich selbst in den Alphazustand zu versetzen und diesen zu nutzen, um Ihre Ziele zu erreichen, den Körper zu heilen, den Geist zu entspannen und Probleme aller Art zu lösen.

Hier ist eine grundlegende Technik, um den Alphazustand bewusst herbeizuführen, beschrieben in José Silvas Buch *Der Heiler in dir*:

1. Setzen Sie sich bequem in einen Sessel und schließen Sie die Augen.

2. Atmen Sie tief ein, und entspannen Sie Ihren Körper beim Ausatmen.
3. Zählen Sie langsam rückwärts von 100 bis 1.
4. Stellen Sie sich den friedlichsten Ort vor, den Sie kennen.
5. Sagen Sie sich in Ihrem Innern: »Ich werde immer einen vollkommen gesunden Körper und Geist bewahren.«
6. Sagen Sie sich in Ihrem Innern, wenn Sie bei der Zahl 5 anlangen und die Augen öffnen, werden Sie sich hellwach und besser als vorher fühlen … Wiederholen Sie die Aussage, wenn Sie bei 3 angelangt sind.

   Affirmieren Sie, wenn Sie bei der Zahl 1 sind, abermals: »Ich bin hellwach und fühle mich besser als vorher.«

Es gibt etliche Abwandlungen dieser grundlegenden Übung zur Entspannung und Förderung des Eintritts in den Alphazustand, die von Silva und anderen stammen, und fast alle funktionieren, wenn man sie regelmäßig praktiziert.

Wenn Sie die Silva-Methode anwenden und die Entspannung gut im Griff haben, müssen Sie nicht ständig von 100 bis 1 zählen. Nach zehn Tagen können Sie den Vorgang abkürzen und von 50 bis 1 zählen, nach weiteren zehn Tagen von 25 bis 1, und am Ende reicht es aus, von 10 bis 1 rückwärts zu zählen.

Sobald Sie den Alphazustand erreicht haben, können Sie sich bildlich vorstellen, wie Sie sich von gesundheitlichen Beschwerden aller Art befreien, angefangen von einer kleinen Erkältung bis hin zu ernsthaften Erkrankungen. Sie können auch ein positives Ergebnis in allen möglichen Situationen visualisieren, gleich, ob im Berufsleben oder im Umgang mit Menschen, die Ihnen Kopfzerbrechen bereiten.

Geführte Meditation

Hier ist eine andere leicht nachvollziehbare Methode, sich zu entspannen und in den Alphazustand zu versetzen:

Nehmen Sie bequem auf einem Stuhl Platz, die Füße flach auf dem Boden, die Hände locker auf den Oberschenkeln – oder legen Sie sich rücklings auf den Fußboden, Arme und Beine ausgestreckt, die Handflächen geöffnet und nach oben gerichtet.

Nun atmen Sie tief ein; halten Sie den Atem eine Weile, dann atmen Sie langsam aus … spüren Sie, wie Sie alle Anspannungen des Tages loslassen.

Fahren Sie fort, tief ein- und auszuatmen; wandern Sie nun mit Ihrer Aufmerksamkeit langsam zur

Stirn, danach zum höchsten Punkt des Kopfes, zum Nacken und zu den Schultern. Spüren Sie dabei, wie die Anspannung aus Stirn und Kopfhaut fließt, wie sich Stirn und Schädel entspannen. Entspannen Sie als Nächstes die Muskeln um die Augen, während Sie tief ein- und ausatmen. Entspannen Sie die Lippen und die Muskeln um den Mund. Entspannen Sie sämtliche Muskeln in Ihrem Gesicht. Und dann spüren Sie, wie sich die Nackenmuskeln und der ganze Nackenbereich entspannen.

Gehen Sie nun mit Ihrer Aufmerksamkeit zu den Schultern. Spüren Sie, wie sich die Schultern entspannen. Lassen Sie die Spannung einfach los und entspannen Sie.

Sie müssen nichts tun, nichts verändern, nur loslassen und zulassen.

Lassen Sie die Entspannung von den Schultern auf die Rückenmuskulatur übergehen; spüren Sie, wie sich die Entspannung vom oberen in den unteren Rückenbereich ausbreitet. Tauchen Sie tiefer und tiefer in den angenehmen Zustand der Entspannung ein.

Entspannen Sie die Brustmuskeln; spüren Sie, wie ruhig und leicht Ihr Herz schlägt. Entspannen Sie Magen- und Bauchmuskeln, während Sie weiterhin tief und leicht ein- und ausatmen. Spüren Sie, wie sich die Beckenmuskeln entspannen, spüren Sie die Wärme der Entspannung, die hinunter zu den Oberschenkeln, Knien, Waden und schließlich bis in die Füße und Zehen fließt. Spüren Sie die Wärme und Entspannung vom höchsten Punkt des Kopfes bis in die Zehen.

Atmen Sie weiterhin langsam und tief ein und aus und genießen Sie den Zustand vollkommener Entspannung.

Nach ein paar Minuten können Sie von 1 bis 5 zählen, um sich aufzuwecken, oder eine Visualisierungsübung anschließen. (Siehe 6. Kapitel über *Die Macht der Visualisierung*.)

Beenden Sie die Übung jedes Mal, indem Sie von 1 bis 5 zählen. Bei 5 angekommen, sind Sie hellwach und fühlen sich entspannter und positiver als vorher.

Schaffen Sie sich im Alphazustand das Leben, das Sie sich wünschen

Sobald Sie gelernt haben, sich in den Alphazustand zu versetzen, können Sie damit beginnen, die Ergebnisse zu realisieren, die Sie in Ihrem Leben erreichen möchten. Bis Sie diese Fähigkeit aus dem Effeff beherrschen, brauchen Sie normalerweise ungefähr einen Monat. Zehn Minuten Übung am Tag reichen für den Anfang aus.

Nehmen wir zum Beispiel an, dass Sie zu einer wichtigen Geschäftsbesprechung oder einem Vorstellungsgespräch müssen. Nehmen Sie sich vorher ein paar Minuten Zeit, um sich in den Alphazustand zu versetzen und sich die Besprechung oder das Vorstellungsgespräch in allen Einzelheiten auszumalen. Visualisieren Sie den Verlauf genauso, wie Sie es sich wünschen. Stellen Sie sich bildlich vor, wie entspannt und zufrieden Sie mit sich selbst sind, wie klar und überzeugend Sie Ihre Argumente vorbringen. Visualisieren Sie, wie offen und empfänglich Ihre Gesprächspartner sind, wie positiv sie auf Ihre Präsentation reagieren.

Malen Sie sich ganz genau das positive Ergebnis aus. Dann zählen Sie bis 5, öffnen die Augen und bekräftigen, dass Sie hellwach sind und sich gut fühlen. Nach Beendigung der Übung kehren Sie in Ihren Alltag zurück und gehen Ihren gewohnten Aktivitäten nach. Eines garantiere ich Ihnen: Sie werden verblüfft sein, wie oft Ihre Besprechungen oder Vorstellungsgespräche genauso verlaufen, wie Sie es sich im Alphazustand vorgestellt haben.

Ein Werkzeug, dessen Wirkung kaum zu überbieten ist, wie Sie sehen werden!

Vermeiden Sie negative Einflüsse, wenn Sie sich im Alphazustand befinden

Dass wir instinktiv das Bedürfnis haben, negative Situationen oder Personen zu meiden, wenn wir uns rundum wohl- und entspannt fühlen, macht Sinn. Vermutlich erkennen wir intuitiv, ohne es logisch begründen zu können, dass wir in diesem Zustand der tiefen Entspannung erheblich offener und empfänglicher für Einflüsse aller Art sind.

Die Menschen, mit denen wir auf die eine oder andere Weise in Berührung kommen, lassen sich (aus energetischer Sicht) drei verschiedenen Kategorien oder Ebenen zuordnen: Menschen, die uns herunterziehen und uns Energie rauben; Menschen, die auf derselben Ebene angesiedelt sind wie wir und in deren Gesellschaft wir uns gut fühlen; und Menschen, die eine höhere Ebene erreicht haben und uns inspirieren. Im Zustand der Entspannung sollte man am besten nur mit Menschen zusammen zu sein, die sich auf der gleichen oder einer höheren Ebene befinden.

Die heilende Macht der Natur

Eine weitere instinktive Reaktion besteht darin, dass die meisten Menschen gerne in die Natur hinausgehen, um abzuschalten und sich zu entspannen. (Siehe 14. Kapitel über *Die Macht der Natur*.) Das liegt daran, dass auch die Natur in der Lage ist, uns mühelos in den Alphazustand zu versetzen. Darüber hinaus vertiefen die beruhigenden und heilsamen Grünschattierungen, die wir bei einem Waldspaziergang sehen, das Gefühl einer tiefen Entspannung.

8

Die Macht
des Fokus

Wissen Sie eigentlich, was Sie wollen?

Und wie Sie es bekommen?

Viele Leuten wissen es nicht.

Sie haben keine genaue Vorstellung davon, was sie im Leben erreichen möchten, geschweige denn, wie sie es erreichen könnten.

Genau zu wissen, was man will – und wie man seine Wünsche verwirklicht –, ist in erster Linie eine Sache des Fokus.

Was bedeutet Fokus?

Fokus ist laut des *Webster's Encyclopedic Unabridged Dictionary* der klar und eindeutig definierte Brennpunkt eines Bildes. Im übertragenen Sinn versteht man darunter einen zentralen Punkt, ein Ziel, auf das Interessen, Aufmerksamkeit und Aktivitäten ausgerichtet sind; *fokussieren* beinhaltet die Fähigkeit, Gedanken zu bündeln, sich auf etwas zu konzentrieren.

Warum haben die meisten Menschen ein Problem damit, sich zu fokussieren? Warum fällt es ihnen schwer, ihre Gedanken auf ein bestimmtes, von ihnen ausgewähltes Ziel zu konzentrieren?

Ehrlich gestanden, ich habe keine Ahnung, weil rein theoretisch jeder Mensch in der Lage ist, eine klare Marschroute ins Auge zu fassen, um seine Ziele zu erreichen.

Jeder kann sich fokussieren

Sich auf ein Ziel auszurichten ist die leichteste Sache der Welt. Fokussieren bedeutet lediglich, die ungeteilte Aufmerksamkeit auf ein bestimmtes Ziel lenken, sich mit aller Macht darauf konzentrieren. Im Grunde sind wir sogar Experten, was das Fokussieren betrifft, denn genau das tun wir jedes Mal, wenn wir uns nachhaltig mit einem Thema befassen, unser Augenmerk darauf richten.

Ein drastisches, aber anschauliches Beispiel sind die Hypochonder. Obwohl sie in ihrem Leben selten das hervorbringen, was wir als spektakuläre Erfolge bezeichnen würden, haben sie es in der Kunst des Fokussierens zu wahrer Meisterschaft gebracht. Bedauerlicherweise nutzen sie diese angeborene Fähigkeit, um ihr Augenmerk zwanghaft auf alle nur erdenklichen physischen und psychischen Mängel und Fehlfunktion zu richten, statt ihre Gedanken zu bündeln und wie Röntgenstrahlen auf die Verfolgung eines höheren Zieles zu lenken. Wenn Hypochonder sich nur genauso zielstrebig darauf konzentrieren würden, gesund zu werden …

Sich zu fokussieren oder im positiven Sinn des Wortes zielbewusst zu sein, ist eine Sache der Wahl. Es gilt zu entscheiden, ob wir unser eigenes Schicksal beherrschen oder uns von zufälligen Gedanken beherrschen lassen wollen. Diese Gedanken übernehmen die Kontrolle, wenn wir die Macht, uns zu fokussieren, auf negative Weise verwenden. Doch sobald wir uns klargemacht haben, wie der menschliche Verstand arbeitet, können wir das Ruder herumreißen und uns angewöhnen, diese Macht der gebündelten Aufmerksamkeit einzusetzen, um unsere Wünsche und Ziele im Leben klar zu umreißen und zu realisieren.

Treffen Sie also Ihre Entscheidung.

Und erkennen Sie, dass Fokussieren lediglich eine Sache der Wahl, der bewussten Entscheidung ist.

Fokussieren bedeutet: Sie nehmen die von Ihnen gewünschte Situation ins Visier, peilen Ihren Kurs an, rüsten sich für den Weg, der vor Ihnen liegt, wie lang und beschwerlich auch immer, und lassen nicht locker, bis das Universum dafür sorgt, dass Sie ans Ziel gelangen.

Wenn Sie beharrlich sind und hundertprozentig überzeugt, dass dieses Stück vom Kuchen *uneinge-schränkt und vorbehaltlos* Ihnen gehört – hier und jetzt, in eben dieser Minute –, wenn Sie in Ihrem Bewusstsein weit und breit verkünden, dass Sie die Absicht haben, sich Ihren Anteil zu holen, und wenn Sie mit Worten und Taten demonstrieren, dass Sie nicht gewillt sind, das Handtuch zu werfen, bis Ihr Ziel erreicht ist … *muss sich Ihr Wunsch realisieren*. Weil das der Wirkungsweise des Universums entspricht.

❀ Erkennen auf der inneren Ebene = demonstrieren auf der äußeren Ebene

Deshalb bitte ich Sie nun, den tieferen Sinn dieses einfachen Mechanismus und die damit verbundenen Auswirkungen zu verinnerlichen. Gestatten Sie sich, ihn ganz und gar zu verstehen und die Freude der Errungenschaft zu spüren, die mit dem Verständnis einhergeht. Sobald Sie den Mechanismus begriffen haben, wird Ihnen nämlich bewusst, dass alles, was Sie sich wünschen (was immer es auch sein mag), Ihnen bereits gehört.

So einfach ist das – das reinste Kinderspiel.

Sie sollten nur eines beachten: Vergeuden Sie keine Sekunde Ihrer kostbaren Zeit mit Zweifeln oder Sorgen. Je weniger Nahrung Sie solchen negativen Gedanken geben, desto besser. Sich diesen Punkt vor Augen zu halten ist wichtig. Zweifel und Sorgen schwächen Ihre Konzentrationsfähigkeit und schaffen Gegenströmungen in der Energie, die Sie aufwenden. Was Sie brauchen, ist Hingabe.

Was bedeutet Hingabe? Hingabe ist das vollständige, totale Fehlen von Zweifeln. Hingabe beinhaltet das uneingeschränkte Engagement für eine Sache. Hingabe setzt das absolute Vertrauen voraus, dass das Universum unsere Wünsche erfüllen wird, weil das der Wirkungsweise des Universums entspricht.

Wie Deepak Chopra in seinem Buch *Die Körperzeit* schreibt: »Wenn Sie begreifen, dass Sie in diesem unwandelbaren Rahmen sicher geborgen sind, entsteht die Freude des freien Willens. Man kann den freien Willen nicht anstreben, wenn man befürchtet, dass er Ungewissheit, Unfälle und Unheil nach sich zieht. Im Bewusstsein, dass alles eins ist, wird dagegen jede Entscheidung innerhalb des Gesamtmusters angenommen. Wenn man A wählt, wird sich das Feld so entfalten, dass es uns zu Gefallen ist. Wenn wir B wählen, wird das Feld das ebenfalls unterstützen, auch wenn B das genaue Gegenteil von A ist. Alle Möglichkeiten sind für das Feld akzeptabel, da das Feld definitionsgemäß ein Feld aller Möglichkeiten ist.«

Verstehen Sie also, wie Ihr Verstand arbeitet – und wie das Universum arbeitet –, ohne den geringsten Zweifel aufkommen zu lassen. Weigern Sie sich, auch nur den geringsten Hauch von Ungewissheit über den großen Bildschirm im Kopf ziehen zu lassen, den wir als Verstand bezeichnen. Geben Sie diesen Gedanken keinen Raum, keine Sekunde lang. Arbeiten Sie stattdessen daran, eine unerschütterliche, glühende Überzeugung zu entwickeln. Stützen Sie Ihren Fokus, Ihre gebündelte Konzentration, durch die emotionale Kraft Ihres Glaubens. Engagieren Sie sich uneingeschränkt und ernsthaft; machen Sie sich stark, gleich, ob für einen bestimmten Menschen oder einen bestimmten Zweck, eine gute Sache oder ein Ziel. Es spielt keine Rolle, ob Sie dabei Geld, eine Eheschließung oder nur ein Paar neue Schuhe ins Auge fassen. Richten Sie Ihre gesamte Aufmerksamkeit darauf, handeln Sie entsprechend und gehen Sie davon aus, dass Ihr Wunsch bereits dabei ist, in Erfüllung zu gehen …

Hingabe
ist das Gebet des Kriegers
zu sich selbst.

Stuart Wilde

Warum funktioniert das? Weil das der Wirkungs-weise des Universums entspricht. Niemand kann bisher erklären, *warum*. Doch wie ich am Anfang des Buches bereits sagte, beginnen wir inzwischen, solche Mechanismen zu verstehen, was einen weit-reichenden Bewusstseinswandel nach sich zieht. Einsteins Relativitätstheorie, das neue Feld der Quantenphysik und die Erkenntnis, dass Materie und Energie austauschbar sind, haben bei vielen Menschen die wachsende Überzeugung ausgelöst: *Wir sind, was wir zu sein glauben.* Und sie nehmen wahr, dass das Universum auf unsere Gedanken reagiert, gleich, wie sie auch beschaffen sein mö-gen (und wir mit unseren Gedanken das Universum formen).

Folglich werden wir ständig das, was wir zu wer-den glauben. Da das Universum unsere Gedanken wie ein Bumerang auf uns zurückwirft, ziehen wir in unserem Leben genau das an, womit wir uns fortwährend befassen, was wir mündlich oder schriftlich als Absicht verkünden und worauf wir unsere Aufmerksamkeit konzentrieren.

Es ist, wie Emmet Fox in seinem Buch *Macht durch positives Denken* sagte: »Gleiches zieht Gleiches an.« Mit anderen Worten: *Sie bekommen genau das, was Sie zu bekommen glauben.*

Um Ihr Ziel zu finden,
müssen Sie Altes loslassen

Klingt gut, sagen Sie, aber was ist, wenn ich nicht weiß, worauf ich mein Augenmerk richten soll? Es liegt auf der Hand, dass es schwer ist, sich zu konzentrieren oder zu fokussieren, um einen Herzenswunsch zu verwirklichen, wenn man keine Ahnung hat, wie dieser Herzenswunsch aussieht!

Eine wirksame Möglichkeit herauszufinden, was Sie sich im Leben wirklich wünschen, besteht darin, alles loszulassen, worauf Sie gut und gerne verzichten können. (Siehe 4. Kapitel über *Die Macht des Loslassens.*)

Haben Sie sich schon einmal gefragt: »Was ist eigentlich mein Lebensziel? Welchen Traum habe ich? Wie könnte der göttliche Plan für meinen Aufenthalt auf der Erde beschaffen sein?« Möglicherweise ist bei dieser Form der Innenschau nicht das Geringste herausgekommen.

Für den Fall, dass Sie beim besten Willen nicht sagen können, was Sie sich im Grunde Ihres Herzens wünschen, was Sie erreichen, sein oder werden möchten, rate ich Ihnen, Tabula rasa zu machen und Klarheit in Ihr Leben zu bringen, indem Sie alles über Bord werfen, was Sie mit absoluter Gewissheit entbehren können.

Lassen Sie Besitztümer, Orte, Situationen, Menschen, Lebensumstände und Beziehungen los, die Sie nicht mehr interessieren. Segnen Sie diese mit Liebe und lasse Sie sie ziehen. Schaffen Sie sich ringsum einen gewissen Freiraum. Lassen Sie frische Luft in Ihr Zimmer, Ihr Haus, Ihre Beziehungen und in Ihr Leben. Ich garantiere Ihnen, dass Sie spannende Dinge erleben werden.

Schreiben Sie Listen

Listen zu schreiben stellt eine gute Möglichkeit dar, Dinge für sich selbst zu klären. Diese Listen helfen Ihnen, Aufschluss darüber zu gewinnen, was Sie wirklich wollen. Und sie sind ein idealer Ausgangspunkt, um sich auf Ihre Ziele zu fokussieren.

Für den Anfang schlage ich vor, dass Sie die unten beschriebene Drei-Listen-Technik benutzen. Sie ist ganz einfach, doch vorab möchte ich Sie noch einmal daran erinnern, dass Sie diese Übung *ausschließlich für sich selbst* machen. Niemand wird zu Gesicht bekommen, was Sie schreiben, also können Sie aufrichtig mit sich selbst sein. Wichtig ist auch, daran zu denken, dass Sie Ihre Meinung, sprich Einträge, jederzeit korrigieren können. Der damit verbundene Wachstumsprozess ist fortlaufend. Wenn

Sie heute etwas auflisten, was Ihnen morgen in einem anderen Licht erscheint, ändern Sie Ihre Liste entsprechend. Sie dürfen so viele Listen anfertigen, wie Sie wollen. Sie können sie neu schreiben, abändern, aktualisieren oder sämtliche Einträge streichen und jeden Tag der Woche wieder bei Null beginnen, wenn Ihnen der Sinn danach steht. (Das ist sogar eine gute Idee, wenn Sie sich über Ihre wahren Ziele im Unklaren sind.)

Diese Übung ist allein Ihre Sache. Sie dient als mentales Training. Sie ist nur für Ihre Augen bestimmt, deshalb sollten Sie Schweigen über Ihre Listen und deren Inhalt bewahren!

Die Drei-Listen-Technik

1. Ihre Trennungsliste

Beginnen Sie mit einer Liste all dessen, was Sie in Ihrem Leben mit absoluter Gewissheit entbehren können. Listen Sie Besitztümer, Menschen, mentale Zustände und Grundhaltungen, Gefühle, Beziehungen und unliebsame Situationen am Arbeitsplatz auf. Reden Sie nicht um den heißen Brei herum. Verschwenden Sie keinen Gedanken daran, was andere von Ihrer Trennungsliste halten könnten. Schreiben Sie einfach auf, welchen Ballast Sie über Bord werfen oder was Sie in Ihrem Leben loslassen möchten. Notieren Sie alles, was nach Ihrer Auffassung nicht länger Ihrem höchsten Wohl dient. Es spielt keine Rolle, wie wichtig bestimmte Personen oder Dinge früher für Sie waren. Loslassen bedeutet nicht, dass Sie sich von jemandem distanzieren, weil Sie ihn hassen oder verurteilen. Es kann sein, dass Dinge, die Ihnen einst einen guten Dienst erwiesen, keinen Nutzen mehr für Sie haben. Segnen Sie alles, wovon Sie sich trennen wollen, mit Liebe und lassen Sie es ziehen. Am Ende der Trennungsliste sollte eine Affirmation oder ein Segen stehen. Schreiben Sie zum Beispiel:

❀ Ich entlasse das alles nun voll und uneingeschränkt aus meinem Leben. Ich segne diese Menschen und Situationen mit Liebe und lasse sie gehen. Ich entspanne mich, lasse los, lasse euch ziehen, zu eurem höchsten Wohl.

2. Ihre Wunschliste

Hier können Sie im Einzelnen aufschreiben, was Sie in Ihrem Leben demonstrieren oder verwirklichen möchten. Zögern Sie nicht, *jeden Wunsch* aufzulisten, solange es Ihr eigener ist. Lassen Sie also alles aus, was »man« haben oder sein sollte, oder was Ihnen nach Ansicht anderer zusteht oder ideal für Sie wäre. Die Liste sollte das enthalten, was Sie wirklich in Ihrem Leben manifestieren wollen. Sind Sie sicher, dass Sie alles vermerkt haben, was Sie sich wünschen? Nur keine falsche Bescheidenheit! Machen Sie sich keine Gedanken, wie sich Ihr Herzenswunsch im Vergleich zu den Bedürfnissen oder Bestrebungen anderer Leute ausnehmen könnte. Die Wunschvorstellungen, die andere haben, sind deren Sache. Was Sie gerne hätten oder wären, entscheiden allein Sie, denn es handelt sich schließlich um Ihr Leben. Also zögern Sie nicht, auch solche Dinge auf Ihrer Liste zu vermerken, die völlig »übergeschnappt« oder derzeit unrealisierbar erscheinen. Wenn es wirklich Ihr tief empfundener Wunsch ist, nehmen Sie ihn getrost in Ihre Liste auf. Wie bereits gesagt ist die Liste Privatsache, eine Quelle der Erkenntnis, nur für Ihre Augen bestimmt. Sie dient als Arbeitsmittel, das Ihnen hilft, sich zu fokussieren und zu wachsen. Stellen Sie sich vor, Sie wären ein Bildhauer, der aus Ton sein künftiges Leben formt. Um das Kunstwerk zu schaffen, das Ihnen vorschwebt, machen Sie sich vorab eine Skizze (Ihre Wunschliste), die niemand zu Gesicht bekommen sollte. Das ist Ihre Vorlage, die Sie nach Lust und Laune ändern, mit der Sie experimentieren können. Falls Sie sich dabei ertappen, dass Sie Wünsche auslassen, sollten Sie sich fragen, was der wahre Grund dafür ist. Haben Sie vielleicht insgeheim Angst, die Dinge, nach denen Sie sich tief in Ihrem Innern sehnen, nicht verdient zu haben? Beenden Sie Ihre Liste mit einer Affirmation, zum Beispiel:

❀ Ich segne meine Wünsche mit göttlicher Liebe und weiß, dass das Universum nun diejenigen manifestiert, die zu meinem höchsten Wohl gereichen. Das höchste Wohl des Einen ist das höchste Wohl aller.

3. Ihre Dankeschön-Liste

Um das Ganze in die richtige Perspektive zu rücken und sich vor Augen zu halten, wie viel Gutes Sie in Ihrem Leben bereits erfahren haben, empfehle ich Ihnen, eine dritte Liste mit all jenen Dingen anzufertigen, für die Sie dankbar sein können. Schreiben Sie alles auf, was das Universum Ihnen bereits geschenkt hat; diese Fülle, dieser Reichtum gehören Ihnen jetzt schon. Die Übung ist sehr aufschlussreich, denn sobald Sie damit beginnen, werden Sie feststellen, dass ihre Dankeschön-Liste immer länger wird. Schon ein Blick darauf genügt, um sich mit hundertprozentiger Sicherheit besser und zufriedener zu fühlen als vorher. Allein das Ritual, zu danken und das Gute zu würdigen, besitzt die magische Macht, Ihr Herz zu öffnen und noch mehr Gutes in Ihrem Leben anzuziehen (denn Gleiches zieht Gleiches an).

Wie Napoleon Hill mir half

Als alleinerziehende Mutter mit drei kleinen Kindern, für die ich sorgen musste, war mir Napoleon Hill eine unschätzbare Hilfe. Damals hatte ich kein Geld und wie es schien auch keine Möglichkeit, meinen Lebensunterhalt aus eigenen Mitteln zu bestreiten. Dennoch war ich fest überzeugt, dass es eine Lösung gab. Ich hatte das Gefühl, dass ich Talent und die Fähigkeit besaß, mein täglich Brot zu verdienen. Mein Problem war, dass ich nicht genau wusste, wie ich dabei vorgehen sollte. Ich brauchte ein Werkzeug oder einen konkreten Plan, der mir die praktischen Schritte aufzeigte, um die Kontrolle über mein Leben und meine finanzielle Situation zu gewinnen. Ich fand beides in einem der ersten klassischen Selbsthilfebücher: *Denke nach und werde reich* von Napoleon Hill.

Inspiriert von der märchenhaften Biografie des amerikanischen Stahlmagnaten Andrew Carnegie, der es zum Multimillionär gebracht hatte, widmete Hill sein Leben der Aufgabe, erfolgreiche Menschen zu studieren, um die Geheimnisse ihres kometenhaften Aufstiegs zu ergründen. Wie gelang es ihnen, ihre oftmals ärmliche Herkunft und/oder schwierigen Verhältnisse zu überwinden, um solche spektakulären Erfolge und finanziellen Höhenflüge zu erzielen?

Denke nach und werde reich enthüllt viele ihrer Geheimnisse und mentalen Techniken, einschließlich der Rolle, die Verlangen, Glaube, Ausdauer, Planung, Organisation und mentale Techniken wie Autosuggestion, Visualisierung oder der Braintrust – der »Bund der klugen Köpfe« – spielen (siehe 18. Kapitel über *Die Macht der Freundschaft*).

Hill schreibt in seinem Buch, dass sich jeder Mensch, der in das Alter kommt, in dem er den Zweck des Geldes versteht, materiellen Besitz wünscht. »Aber der Wunsch nach Reichtum reicht noch nicht aus. Nur ein an Besessenheit grenzendes Verlangen, sorgfältige Planung, die Wahl geeigneter Mittel und die eiserne Entschlossenheit, das einmal gewählte Ziel zu erreichen, führen zum Erfolg.«

Hier eine Zusammenfassung der von Napoleon Hill beschriebenen Methode, die sich für mich als Triebfeder erwies, neue Wege zu gehen:

In sechs Schritten zum Ziel

Der Weg vom Verlangen nach Reichtum zu dessen Erlangung gliedert sich in folgende sechs Schritte:

Erstens: Legen Sie Ihr finanzielles Ziel genau fest. Es genügt nicht zu sagen: »Ich will reich werden.« Machen Sie sich klar, was Sie darunter verstehen – also welche Summe Sie besitzen wollen.

Zweitens: Überlegen Sie *genau*, welche *Gegenleistung* Sie für diese Summe zu erbringen bereit sind. (Dass es im Leben etwas »umsonst« gibt, ist ein Trugschluss.)

Drittens: Bestimmen Sie den genauen Zeitpunkt, zu dem Sie Ihr Ziel erreichen wollen. (Solange Sie sich keine Frist setzen, bleibt Ihr Ziel zwangsläufig in der Zukunft – und damit unerreichbar!)

Viertens: Erarbeiten Sie einen genauen Plan zur Verwirklichung Ihres Wunsches und machen Sie sich sofort ans Werk! Es ist äußerst wichtig, dass Sie Ihr Vorhaben *unverzüglich in die Tat umsetzen* – ob Sie sich nun ausreichend vorbereitet fühlen oder nicht.

Fünftens: Halten Sie alles bis in die letzte Einzelheit schriftlich fest; die gewünschte Summe, den genauen Zeitpunkt, zu dem Sie spätestens über das Geld verfügen wollen, die Gegenleistung, die Sie dafür zu erbringen bereit sind, und den Plan, der Sie ans Ziel führen soll.

Sechstens: Lesen Sie diese Niederschrift zweimal am Tag laut vor: einmal morgens nach dem Aufstehen, einmal abends vor dem Einschlafen. Fühlen, sehen und glauben Sie sich schon während des Lesens am Ziel Ihrer Träume.

Ich habe Hills Methode viele Jahre mit großem Erfolg angewendet. Als ich infolge meiner finanziellen Notlage damit begann, legte ich jedes Jahr aufs Neue den Betrag fest, den ich zur Verfügung haben wollte. Dann entschied ich, zu welchen Gegenleistungen ich im Einzelnen bereit war. Anschließend gab ich eine schriftliche Absichtserklärung nach obigem Muster ab, klebte sie auf ein Stück Karton und legte sie neben mein Bett. Jeden Morgen nach dem Aufwachen und jeden Abend vor dem Zubettgehen las ich sie laut vor. Dann schloss ich die Augen, entspannte mich und malte mir die gewünschten Ergebnisse in allen Einzelheiten aus. Ich sah, wie ich die Arbeit verrichtete, die mir vorschwebte, und angemessen dafür bezahlt wurde. Ich stellte mir vor, wie ich das Geld in den Händen hielt und es auf mein Konto einzahlte.

Interessanterweise verdiente ich immer *genau* die Summe, die ich veranschlagt hatte. Jedes Jahr schrieb ich eine neue Absichtserklärung, steckte mir höhere Ziele, dachte abermals darüber nach, was ich als Gegenleistung für das Geld zu erbringen bereit war und ging wieder an den Start. Und jedes Jahr erreichte ich unfehlbar mein Ziel.

Der menschliche Geist kann
alles vollbringen,
woran er glaubt.

Napoleon Hill

Im Zweifelsfall: Auszeit und Rückzug

Sobald Sie gelernt haben, ihre angeborene Konzentrationsfähigkeit zu nutzen, um Ihre Ziele zu erreichen, werden Sie feststellen, dass diese Macht unterschiedlich ausgeprägt ist, dass sie ihre Höhen und Tiefen hat. Sie werden Tage, Wochen oder Monate erleben, in denen Ihr Zielbewusstsein anhaltend stark und tiefgreifend ist. Und dann haben Sie manchmal das Gefühl, als ließen Ihre Kräfte und Ihre Fähigkeit nach, Ihr Ziel ins Auge zu fassen oder sich zu fokussieren.

Sollten Sie das Gefühl haben, dass Sie »schwächeln«, sich nicht »auf dem richtigen Weg« befinden oder unverhofft das Orientierungsvermögen verloren haben, ist es am besten, erst einmal Abstand zu gewinnen. Wenn möglich, nehmen Sie sich eine Auszeit und warten ab.

Mit anderen Worten, lassen Sie die Dinge auf sich zukommen und tun Sie nichts. Nichtstun ist das beste Heilmittel bei einem plötzlichen Orientierungsverlust. In diesem Zustand der Leere, der Stille, dieser vermutlich dringend benötigten Auszeit, werden Sie neue Kräfte schöpfen, Ihren Akku wieder auffüllen (siehe 13. Kapitel über *Die Macht der Stille*.)

Dieser Rückzug ist deshalb so wichtig, weil wir alle so nachhaltig auf die Außenwelt »gepolt« sind. In der Hektik des Alltags vergessen wir oft, wie das Universum funktioniert. Wir glauben, es sei die Welt »da draußen«, die uns beeinflusst, doch das täuscht. Die Welt »in uns« ist die Quelle all dessen, was im Außen geschieht. Versuchen Sie also, sich eine Auszeit zu nehmen, sich zurückzuziehen und den Blick immer dann nach innen zu richten, wenn Sie das Gefühl haben, dass der Weg im Außen steinig wird oder im Nichts endet.

Der Fokusverlust ist ein Zeichen. Es sagt laut und deutlich: Tritt einen Schritt zurück, schalte einen Gang herunter, geh beiseite! Du brauchst eine Verschnaufpause, also halte den Ball flach, verlass das Spielfeld für eine Weile, nimm eine kalte Dusche, geh in Deckung und richte den Blick nach innen. Finde heraus, was in dir vorgeht, was in deinem Geist, deiner Seele und/oder deinem Körper aus dem Ruder gelaufen sein könnte. Finde heraus, ob deine Worte, Gedanken und Taten noch mit deinem Vorhaben oder Ziel übereinstimmen. Finde heraus, ob und warum du innerlich Widerstand leistest. Sieh zu, dass du dich wieder ins Lot bringst.

Und wenn möglich, sollten Sie erst dann wieder in die Außenwelt zurückkehren, wenn Sie Ihren Fokus wiedergefunden haben. Sie werden zweifellos merken, wann Sie innerlich bereit und in der Lage sind, Ihr Ziel wieder ins Auge zu fassen.

Fokussiertechniken

Es gibt viele Methoden, das Fokussieren zu üben. Einige sind in den Kapiteln über *Die Macht der Affirmation*, *Die Macht der Visualisierung*, *Die Macht von Lob und Segen* und *Die Macht der Stille* beschrieben. Im Grunde geht es im ganzen Buch um Fokussiertechniken. Um rasche Ergebnisse zu erzielen, suchen Sie sich einfach diejenigen aus, die Ihnen am meisten zusagen, und fangen an!

9

Die Macht der Geheimhaltung

Geben Sie Ihren Trumpf nicht aus der Hand, indem Sie allen, die es hören wollen, von Ihren Plänen, Träumen, Hoffnungen, Gebeten, Visualisierungen oder Affirmationen erzählen. Und verzichten Sie auch darauf, anderen Ihr Glücksrad, Ihre Schatzkarten oder Ihre Listen zu zeigen.

Die in diesem Buch beschriebenen Techniken, die Ihnen ermöglichen sollen, Macht und Kontrolle über Ihr Leben zu gewinnen, sind ausschließlich für Sie bestimmt.

Wenn Sie diese Informationen enthüllen, weitergeben oder damit hausieren gehen, verschleudern Sie Ihre Energie. Sie arbeiten auf der unsichtbaren Ebene, auf der Schwingungsebene, wo der göttliche Urstoff oder die »Quantensuppe« auf mentalem Weg in Materie verwandelt und zur Realität wird.

Die innere Arbeit, die Sie leisten, geht niemanden etwas an.

Die innere Arbeit ist Ihre Aufgabe.

Die innere Arbeit ist Ihre ganz persönliche Herausforderung.

Die innere Arbeit kann nur von Ihnen selbst bewältigt werden.

Wenn Sie mit anderen über Ihre Träume und Pläne sprechen, steht zu befürchten, dass deren Ansichten, Kommentare, kritische Bemerkungen und Vorschläge (wie gut auch immer gemeint) Ihre Entschlusskraft schwächen und Sie Ihrer Energie berauben.

Deshalb ist es am besten, Stillschweigen über Ihre Pläne, Visualisierungen, Notizen, Listen und Affirmationen zu wahren.

Halten Sie sich lieber an das Sprichwort »Reden ist Silber, Schweigen ist Gold«.

Richten Sie Ihren Blick unverwandt auf das Ziel.

Es ist viel einfacher, dieses Ziel im Auge zu behalten, wenn man den Mund hält und sich nicht beirren lässt.

Schweigen ist auch dann geboten, wenn Sie verwirrt sind und nicht mehr weiterwissen. Gehen Sie einfach in die Stille.

Wenn Sie völlig die Orientierung verloren haben, versuchen Sie, einen ganzen Tag zu schweigen und zu beobachten, was passiert (siehe 13. Kapitel über *Die Macht der Stille*). Sie werden überrascht sein, in welchem Ausmaß die Stille für klare Gedanken sorgt.

10

Die Macht
des Geldes

Für die meisten Menschen ist der Begriff Geld mit einem negativen mentalen Programm gekoppelt. Sie reden ständig darüber und offenbaren schon nach kurzer Zeit, oft ohne es zu merken, ihre Einstellung zum Thema Geld und materieller Wohlstand.

Die meisten jammern, dass es ihnen daran mangelt.

Viele sind überzeugt, dass sie nie auf einen grünen Zweig kommen werden.

Und einige glauben sogar tief in ihrem Innern, sie hätten es nicht verdient, wohlhabend zu sein.

Haben auch Sie als Kind oder Heranwachsender solche Ansichten eingetrichtert bekommen? Zum Beispiel: »Geld wächst nicht auf Bäumen« oder »Geld ist die Wurzel allen Übels«.

Wenn ja, sollten Sie sich fragen, ob derartige Klischees dazu beitragen, die Lebensqualität zu verbessern. Haben Sie bewirkt, dass Sie glücklich, gesund und gut situiert sind?

Ich habe die Erfahrung gemacht, dass es oft schwieriger ist, sich mit Leuten ernsthaft über ihre Beziehung und Einstellung zum Geld zu unterhalten als über ihr Sexualleben und andere sogenannte Privatangelegenheiten wie die Gesundheit oder das Verhältnis zum Partner.

Was ist Geld?

Geld ist lediglich ein Symbol, ein Symbol der Energie. Geld repräsentiert die Substanz (Materie) unseres Universums.
Einsteins Relativitätstheorie hat die Austauschbarkeit von Substanz (Materie) und Energie nachgewiesen. Wissenschaftler erklären außerdem, dass es einen unerschöpflichen Bestand an Substanz (Materie) und Energie im Universum gibt. Woran sollte es uns angesichts dieser Fülle also mangeln?

Armut verursacht Elend

Nicht das Geld, sondern die Armut ist Ursache von Not und Elend, Gewalt, Kriminalität, Revolutionen, Drogenabhängigkeit und Unglück. Wenn man einen Blick hinter die Kulissen der Geschichten wirft, die für negative Schlagzeilen sorgen, entdeckt man fast immer, dass die Armut hinter Gewalt, Kriminalität, Elend, Drogensucht und unglücklichen zwischenmenschlichen Beziehungen »steckt«. Daraus lassen sich folgende Schlussfolgerungen ziehen:

- Armut ist trostlos.
- Es fällt schwer, glücklich zu sein, wenn man notleidend ist.
- Finanzielle Probleme und Engpässe rufen Stress hervor.
- Finanzielle Probleme und Engpässe können zum Nervenzusammenbruch führen.
- Armut treibt viele Menschen in die Alkohol- und Drogenabhängigkeit.
- Armut ist nicht nur belastend, sondern auch eine erniedrigende Erfahrung.
- Niemand möchte arm sein.
- Jeder Mensch, der seiner Sinne mächtig ist, hat den Wunsch, genug Geld zu besitzen, um die guten Dinge im Leben genießen zu können.

Wenn Sie ehrlich sind, müssen Sie zugeben, dass es so ist. Wir alle haben das tief empfundene Bedürfnis, die Segnungen und die ganze Fülle des unendlichen Universums zu genießen, obwohl die meisten von uns in dem Glauben erzogen wurden, Reichtum sei anrüchig, ein Laster. Doch warum sollten wir, da wir ja in einem unbeschreiblich reichen Universum leben, nicht an all den guten Dingen teilhaben, die das Universum für uns bereithält?

Die Einstellung zum Geld

Da unsere inneren Überzeugungen und Einstellungen unser Leben prägen, beeinflusst unsere Einstellung zum Geld, ob wir ein Leben führen, das vom Mangel oder von wachsendem materiellen Wohlstand geprägt ist. Segnen Sie das Geld, das Sie zur Verfügung haben? Bedanken Sie sich für all die guten Dinge in Ihrem Leben, die Sie bereits besitzen? Sind Sie der Meinung, diesen Reichtum verdient zu haben? Und wenn nein, warum nicht? Glauben Sie, dass für jeden Menschen mehr als genug von allem vorhanden ist?

Konzentrieren Sie Ihre Aufmerksamkeit auf den materiellen Wohlstand

Konzentrieren Sie Ihre Aufmerksamkeit auf den materiellen Wohlstand, und Ihr Einkommen wird sich erhöhen. Da sich im Leben stets das manifestiert, worauf wir unser Augenmerk richten, ziehen wir das Geld automatisch an, wenn wir uns auf die Fülle fokussieren, wenn wir überzeugt sind, sie verdient zu haben, und wenn wir die finanziellen Mittel, die wir jetzt schon besitzen, mit Freuden akzeptieren und zu würdigen wissen.

Das Gesetz des Geistes besagt:
Gleiches zieht Gleiches an.
Emmet Fox

Die meisten Menschen nutzen dieses Gesetz der Resonanz, um das Gegenteil zu bewirken – nämlich arm zu bleiben. Unbewusst konzentrieren sie sich auf den Mangel in ihrem Leben und schaffen ihn immer wieder aufs Neue, indem sie ständig über Geldsorgen, die hohen Steuern, die gestiegenen Lebenshaltungskosten, den Staat, das Heer der Arbeitslosen usw. klagen.

Ändern Sie Ihr mentales Finanzprogramm

Wenn Sie Ihr Leben grundlegend ändern wollen, hören Sie auf, über Mangel zu reden. Weigern Sie sich zuzuhören, wenn Leute fortwährend lamentieren, was sie alles entbehren müssen. Klinken Sie sich aus Gesprächen aus, bei denen es immer nur um finanzielle Probleme geht. Und lassen Sie keine negativen Gedanken über Ihre finanzielle Situation, Ihren Kontostand oder Ihre Schulden aufkommen.

Statt angesichts Ihrer Schulden oder finanziellen Verpflichtungen Trübsal zu blasen, sollten Sie jede Rechnung, die in Ihrem Briefkasten landet, als Zeichen des Vertrauens betrachten, das man Ihnen entgegenbringt. Das Vertrauen in Ihre Finanzkraft war groß genug, um Ihnen die Ware oder Dienstleistung im Voraus zu überlassen, noch bevor sie bezahlt ist! Ein Geschäft, auf Treu und Glauben abgeschlossen, ist das nichts? Sie sollten die Rechnungen also segnen, denn sie sind ein Symbol für Ihre Fähigkeit, für die neuen guten Dinge in Ihrem Leben zu bezahlen!

Mentales Großreinemachen

Da Geld ein Symbol für die Fülle des Universums ist, müssen Sie zuerst Ihre mentale Einstellung zum Geld ändern, um an diesem Reichtum teilhaben zu können. So einfach ist das.

Beschränken Sie sich dabei nicht auf ein Einkommen aus einer bestimmten Quelle. Wir leben in einem unendlichen Universum, sodass die Fülle aus vielen Bereichen zu Ihnen gelangen kann. Seien Sie offen für neue Bezugskanäle. Machen Sie sich bewusst, dass Ihnen das Gute aus bekannten und unbekannten Quellen gleichermaßen zufließen kann. Affirmieren Sie täglich, dass sich das Gute in Ihrem Leben mehrt und dass es sich bereits auf dem Weg zu Ihnen befindet. Affirmieren Sie täglich, dass Sie hier und jetzt für eine beträchtliche Erhöhung Ihres Einkommens offen und aufgeschlossen sind. Sagen Sie Ja zu den neuen guten Aspekten in Ihrem Leben.

Beschließen Sie beispielsweise:

❀ Ich bin offen und aufgeschlossen für wachsenden Wohlstand.

Das Universum wird mich nun reich beschenken.

Ab heute stehen mir neue finanzielle Bezugskanäle zur Verfügung.

Ich werde von jetzt an ___ (legen Sie den genauen Betrag fest) zur Verfügung haben. Und ich nehme das Geld mit Freuden an.

Mein Bankkonto wird ab heute ausreichend gefüllt sein. Ich bin offen für eine beträchtliche Erhöhung meines Einkommens, und ich danke für diese Gabe.

Ich danke für den materiellen Wohlstand, den ich nun genießen darf. Während ich meinen Reichtum segne und lobe, wächst er stetig.

Visualisieren Sie Ihren Wohlstand

Sie können darüber hinaus auch Ihr Vorstellungsvermögen nutzen, um Ihr Einkommen zu verbessern. Da die Gedankenimpulse und mentalen Bilder, die wir ständig in unserem Kopf erzeugen, Blaupausen für unser Leben darstellen, die wir im Unterbewusstsein speichern, wird das, was wir uns immer wieder ausmalen oder bildlich vorstellen, irgendwann unsere Realität. Eine Möglichkeit, Fülle im Leben zu schaffen, besteht also darin, diese Fülle jeden Tag zu visualisieren. (Mehr über die Visualisierungstechniken finden Sie im 6. Kapitel über *Die Macht der Visualisierung*.)
Entspannen Sie sich, wie im 7. Kapitel über *Die Macht des Alphazustands* beschrieben; dann stellen Sie sich den materiellen Wohlstand vor, den Sie

sich wünschen, und malen Sie in möglichst vielen Einzelheiten aus, was Sie damit anfangen werden. Ein Beispiel. Angenommen, Sie sind Immobilienmaklerin und haben sich zum Ziel gesetzt, in diesem Monat drei Häuser zu verkaufen. Für den erfolgreichen Abschluss erhalten Sie eine Provision von insgesamt ___ (geben Sie den genauen Geldbetrag an). Malen Sie sich nun in der Gegenwartsform (hier und jetzt) aus, wie Sie die drei Häuser verkaufen. Stellen Sie sich jedes einzelne Haus, die Käufer und die genaue Uhrzeit der Transaktion vor. Stellen Sie sich bildlich vor, wie diese Leute aussehen. Stellen Sie sich vor, wie sie sich freuen, dass sie endlich ihr Traumhaus gefunden haben. Sehen Sie vor sich, wie Sie nach der Besichtigung mit den Käufern in Ihr Büro zurückfahren, wie sie den Vertrag unterzeichnen. Visualisieren Sie den exakten Kaufpreis. Visualisieren Sie Ihre Provision. Stellen Sie sich vor, wie Sie Ihren Scheck in Empfang nehmen, damit zur Bank gehen und ihn einzahlen. Spüren Sie die Freude, dass Sie nun ___ (geben Sie den genauen Geldbetrag an) auf Ihrem Konto haben. Genießen Sie dieses Hochgefühl. Dann malen Sie sich aus, was Sie mit dem Geld anfangen wollen: was Sie in Ihrem Leben verbessern, was Sie kaufen, wohin Sie reisen möchten usw.

Visualisierung mit Augenmaß

Bei dieser Visualisierungsübung ist es wichtig, sich das vorzustellen, was Sie persönlich als gut und richtig empfinden. Ihre mentalen Bilder sollten weder zu bescheiden noch zu gierig im Verhältnis zu Ihrer gegenwärtigen Situation ausfallen. Es ist wichtig, dass Ihre Visualisierungen Ihnen entsprechen, dass Sie sich im Einklang mit ihnen fühlen. Mit anderen Worten, Sie sollten in der Lage sein, sie mental zu akzeptieren und sich emotional wohlzufühlen mit Ihren Bildern und Vorstellungen, dem angestrebten Geldbetrag und den Situationen, die Sie sich wünschen.

Um optimale Ergebnisse zu erzielen, sollten Sie diese Visualisierungsübung an dreißig aufeinanderfolgenden Tagen täglich wiederholen. Bis Ihnen diese Technik in Fleisch und Blut übergegangen ist, empfiehlt es sich, der Übung halber eine Weile dasselbe Ziel anzupeilen und sich dasselbe Resultat vorzustellen. Sobald Sie Fortschritte machen und beobachten, wie sich die ersten Ergebnisse in Ihrem Leben manifestieren, können Sie Ihre mentalen Bilder nach Belieben wechseln, um sie den veränderten Bedürfnissen und Situationen anzupassen, in denen Sie sich gerade befinden.

Demonstrieren Sie Ihren Wohlstand

Sobald Sie beginnen, Ihre negative Einstellung zu Reichtum und Fülle loszulassen und Ihre Denkweise über Geld zu ändern, indem Sie unter anderem eine merkliche Steigerung des Wohlstands in Ihrem Leben visualisieren, ist es an der Zeit, diesen Wohlstand auch nach außen hin zu demonstrieren.

Sobald wir erkannt haben, dass im Universum eine unendliche Fülle herrscht, gilt es, sich auf die Fülle zu konzentrieren, die bereits in unserem Leben herrscht. Denken Sie daran, dass alles, worauf wir unsere Aufmerksamkeit richten, zu wachsen pflegt. (Siehe 8. Kapitel über *Die Macht des Fokus*.) Zeigen Sie also, dass Sie wohlhabend sind. Werfen Sie sich in Schale, wenn Sie einkaufen oder zu einer geschäftlichen Besprechung gehen, statt Ihren Sonntagstaat für irgendwelche besonderen Anlässe aufzuheben, selbst wenn Sie nur wenig teure Garderobe besitzen.

Es macht keinen Sinn, bis morgen zu warten, um den Reichtum zu genießen, den Sie bereits besitzen. Wenn Sie das Gefühl, reich zu sein, jetzt auskosten, wenn Sie sich dabei wirklich Mühe geben, ziehen Sie mehr materiellen Wohlstand an.

Sie sollten sich auch an dem Reichtum erfreuen, den Sie ringsum zu Gesicht bekommen, ungeachtet dessen, ob er Ihnen gehört. Vielleicht macht es Ihnen Spaß, sich in exklusiven Geschäften und Restaurants umzusehen, nur um ein Gefühl für das Ambiente zu bekommen, das mit dem materiellen Wohlstand einhergeht. Wenn Sie eine Einkommenserhöhung für sich selbst anstreben, müssen Sie sich schließlich in einer Umgebung »wohlfühlen«, in der Luxus selbstverständlich und eine gut betuchte Klientel in ihrem Element ist. Machen Sie sich bewusst, dass der Reichtum, den andere besitzen, nur ein Zeichen für den unerschöpflichen Reichtum des Universums ist. Freuen Sie sich über die Erkenntnis, dass Sie in Ihrem Leben das Gleiche schaffen können.

Hüten Sie sich davor, anderen den Reichtum zu neiden, denn damit bestätigen Sie nur das Gefühl des Mangels. Der Neid ist ein Zeichen, dass Sie nicht wirklich überzeugt sind, die Fülle verdient zu haben oder dass es genug für alle gibt.

Sind Sie jetzt schockiert?

Viele Leute finden diese Einstellung zu Fülle, Reichtum, Wohlstand und Geld schockierend, wenn sie zum ersten Mal damit konfrontiert werden. Oft liegt es daran, dass auch sie in dem Glauben aufgewachsen sind, Geld sei anrüchig. Bei genauerer

Betrachtung reagieren die meisten jedoch erleichtert, sobald ihnen klar wird, dass die Fülle unser Geburtsrecht ist, dass sie uns zusteht, weil wir in einem unendlich reichen Universum leben. Das bedeutet, dass für jeden mehr als genug vorhanden ist und niemand ein schlechtes Gewissen haben muss, weil er sich auf Kosten anderer bereichert.

Irgendwann werden wir merken, was wir uns letztendlich wirklich wünschen, nämlich Fülle und Wohlstand für alle Menschen auf der Erde. Und wir werden feststellen, dass Geld zu haben keine Schande ist: Eine Schande ist nur, dass viele Leute täglich ihre Aufmerksamkeit auf Armut fokussieren.

11

Die Macht
des Gebens

Alles im Universum befindet sich in einem Zustand des stetigen Flusses. Nichts ist statisch; nichts bleibt für immer gleich. Das Einzige, was sich nie wandelt, ist der Wandel selbst.

Auch wenn wir uns gerne als Wesen mit festgefügten, stabilen und dauerhaften physischen Strukturen sehen: Es ist unser kleines Ego, das sich wichtig macht und uns solche Trugbilder vorgaukelt. Tatsache ist, dass sich Haut, Knochen, Magen, Herz, Lunge und Gehirn fortwährend »in Luft auflösen«, weil sie durch neue Atome und Zellen ersetzt werden, die genauso schnell entstehen, wie sie absterben. Die Haut erneuert sich einmal im Monat, die Magenschleimhaut alle fünf Tage, die Leber im Turnus von sechs Wochen und sogar das scheinbar stabile Skelett wird alle drei Monate komplett ausgewechselt. Im Verlauf eines einziges Jahres werden 98 Prozent der Atome in unserem Körper durch neue ersetzt.

Trotz dieses fortwährenden Flusses sind wir ewige Wesen in einem Meer des ununterbrochenen Wandels. Wir sind eine Symphonie aus Licht, inkarniert in Körpern, die aus winzigen, sich rasant fortbewegenden Energiepartikeln bestehen. An uns, in unserer Umgebung und auf unserem Planeten gibt es nichts, dessen Struktur auf ewig festgefügt wäre.

Alles fließt, alles verändert sich.

Und alles, was sich diesem stetigen Wandel widersetzt, verursacht Probleme.

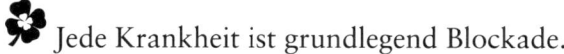Jede Krankheit ist grundlegend Blockade.

Jede Heilung ist grundlegend Zirkulation.

Geben ist Zirkulation

Deshalb ist Geben so wichtig. Geben bedeutet Zirkulation, etwas in Fluss bringen, das Allheilmittel des Universums. Nicht nur zum Wohl anderer, sondern auch uns selbst zuliebe.

Geben ist eine Affirmation, eine Möglichkeit, zu erklären, dass wir die Wirkungsweise des Universums verstehen.

Gib, und dir wird gegeben werden.

117

Stellen Sie die Weichen für Gesundheit, Wohlstand und Glück

Menschen, die überflüssige Dinge scheffeln, anhäufen, sammeln oder horten, Menschen, die knausern, die Angst haben, ihr Geld auszugeben und es lieber in Schließfächern oder auf geheimen Bankkonten deponieren, Menschen, die besitzergreifend sind im Umgang mit Kindern, Freunden oder Personen, die ihnen nahestehen, widersetzen sich der natürlichen Ordnung des Universums, die *stetigen Fluss und Wandel* beinhaltet.

Da wir inmitten dieses gewaltigen Energieflusses leben und nur Kanäle sind, durch die diese Energie hindurchströmt, können wir nur dann gesund und fit, glücklich, wohlhabend und zufrieden mit unserem Leben sein, wenn das Geben und Nehmen uns in Fleisch und Blut übergegangen ist. Wenn wir nicht mehr darüber nachdenken, sondern es einfach tun, wenn wir von ganzem Herzen geben, weil das der Natur des Lebens und des Wohlgefühls entspricht, dann befinden wir uns in Harmonie mit dem Universum. Zirkulation, oder der fortwährende Zustand des Flusses, ist die natürliche Ordnung der Dinge.

Wenn Sie darüber nachdenken, werden Sie erkennen, dass uns bereits alles gegeben wurde, was wir brauchen: Leben, Luft, Wasser, Eltern, unser Körper, Nahrung, unsere Erde und Menschen, die uns Gesellschaft leisten. Warum versuchen wir krampfhaft, an etwas festzuhalten, uns an das zu klammern, was wir haben? Warum widersetzen wir uns dem Fluss? Dafür gibt es einen Grund: Angst. Wir haben Angst, etwas zu verlieren, Angst, dass nicht genug für uns bleibt. Doch diese Angst beruht auf Selbsttäuschung. Angst entsteht durch den grundlegenden Mangel an Verständnis für die Wirkungsweise des Universums. Sobald wir uns auf unsere wahre Herkunft besinnen und erkennen, dass wir Kinder des unendlich reichen Universums sind und bereits alles haben, was wir brauchen, können wir diese Angst auflösen.

Wenn Sie also ein Problem in Ihrem Leben haben und sich besser fühlen wollen, hilft nur eines: Geben! Vor allem, wenn Sie das Gefühl haben, in einer Sackgasse zu stecken, wenn Sie krank sind oder sich in einer finanziellen Notlage befinden, ist es an der Zeit, zu geben. Geben eröffnet alte und neue Bezugskanäle. Geben beseitigt Blockaden. Geben lässt die Energie zirkulieren, bringt sie wieder in Fluss. *Nur dem, der gibt, wird gegeben werden …* genau wie Sie in der Natur säen müssen, bevor Sie ernten können. So lautet das Gesetz des Universums. Wenn Sie nicht geben oder säen, bleibt Ihnen die Ernte verwehrt.

Sie können auf unterschiedliche Art geben

Geben ist ein Akt des Glaubens. Geben besagt, Sie haben erkannt, dass das unendliche Universum die wahre Quelle des Lebens und der Fülle gleich welcher Art ist. Geben bedeutet, dass Sie sich als würdiges Kind des Universums erweisen, das erwartet, all den Segen und den Reichtum zu erhalten, die das Universum für uns bereithält.

Sie können Folgendes geben:

- Zeit
- Geld
- Besitztümer
- Lob und Segen
- Liebe
- Verständnis

Und Sie können folgenden Empfängern geben:

- Spirituellen oder religiösen Organisationen
- Menschen, von denen Sie spirituelle Inspiration und Führung erhalten
- Organisationen, die sich für den Frieden oder für die Umwelt einsetzen
- Gemeinnützigen, humanitären oder kulturellen Organisationen

- Anderen Menschen
- Sich selbst

Der Zehnte

Der Zehnte ist die alte religiöse Praxis, den zehnten Teil des Einkommens einer religiösen und/oder spirituellen Institution, Organisation oder der Kirche zu spenden, von der Sie spirituelle Inspiration und Führung erhalten. Die Entrichtung des Zehnten ist ein bewährtes System und Symbol des Vertrauens oder Glaubens an die himmlischen Mächte oder das unendliche Universum, das uns mit allem versorgt, was wir zum Leben brauchen. Wenn wir den zehnten Teil des Einkommens an die Quelle unseres Wohlstands zurückgeben, öffnen wir Wege, über die weiterer Wohlstand zu uns gelangen kann. Wir entfernen Blockaden, bringen die Dinge wieder in Fluss.

Die geheimnisvolle, segensreiche Macht des Zehnten ist legendär. Zahlreiche spirituelle Bücher heben ihre Bedeutung hervor. Viele namhafte Persönlichkeiten und bekannte Millionäre waren und sind bis heute Anhänger dieser Praxis.

Den Zehnten zu entrichten ist auch empfehlenswert, um auf der spirituellen Ebene Ruhe und ein harmonisches Gleichgewicht zwischen Geben und Nehmen in Ihr Leben zu bringen. Sie werden plötzlich einen tiefen, inneren Frieden empfinden. Sie werden sich mit der Quelle des Lebens verbunden fühlen und feststellen, dass neue gute Erfahrungen und Aspekte wie von Zauberhand in Ihrem Leben erscheinen.

Auch über die Abgabe des Zehnten sollten Sie schweigen. Wenn Sie sich dazu entschließen, ist das allein Ihre Sache und geht niemanden etwas an. Sie geben den Zehnten zu Ihrem eigenen höchsten Wohl und es besteht kein Grund, Ihre Entscheidung an die große Glocke zu hängen. (Siehe 9. Kapitel über *Die Macht der Geheimhaltung*.) Wichtig ist, Ihr Ziel im Auge zu behalten und den Zehnten regelmäßig zu entrichten (zum Beispiel jeden Monat), am besten immer an denselben Empfänger, ohne die Spende mit einem bestimmten Verwendungszweck zu verbinden. Und dann bleibt nur noch eines zu tun: Vertrauen Sie dem Universum. Vertrauen Sie dem Leben. Sie haben die Dinge in Fluss gebracht, nun lassen Sie ihnen ihren Lauf. Erwarten Sie dann, dass sich das Beste und Höchste in Ihrem Leben manifestiert.

12

Die Macht
der Liebe

Die Weisen haben seit jeher darauf hingewiesen, die Liebe sei die größte Macht im Universum, die ultimative Wahrheit, das göttliche Licht. Ich glaube ihnen, und Sie vermutlich auch. Doch wenn dem so ist, müssen wir uns eine Frage stellen: Spiegelt unser Leben diese Überzeugung wider?

Wut bringt nichts

Wut ist eine natürliche Reaktion, aber viele Menschen erkennen allmählich, dass sie letztendlich reine Energieverschwendung ist, weil sie nichts bringt. Auf den ersten Blick mag es so scheinen, als wäre sie ein wirksames Mittel, unsere Wünsche durchzusetzen, aber das täuscht: Wut ist immer nur eine kurzfristige Lösung.

Das liegt daran, dass wir mit Wut oder ihrer nahen Verwandten, der Gewalt, andere *zwingen* wollen, nach unserer Pfeife zu tanzen oder das zu tun, was nach unserer Auffassung das Beste für sie ist. Wenn eine Lösung nur mittels Wut oder Gewalt erreicht wird, kann man sicher sein, dass sie nicht dem höchsten Wohl aller Beteiligten dient und folglich wenig Aussicht auf Bestand hat. Auf einem solchen Fundament lässt sich langfristig nichts aufbauen: Es wird mürbe, morsch und irgendwann von der Bildfläche verschwinden.

Wahrscheinlich wird es Ihnen nicht gelingen, ganz auf die Wut als Problemlösungsmethode zu verzichten, bis Sie erkannt haben, dass *niemand, keine Menschenseele*, kommen und *Sie vor dem Leben retten wird*, das Sie derzeit führen. Das ist eine Aufgabe, die Sie ganz alleine bewältigen müssen. Sobald Ihnen klar geworden ist, dass Sie und niemand sonst die Verantwortung für Ihr Leben tragen, wird Liebe zu einer Option, die Sie ernsthaft in Betracht ziehen sollten.

Zwischenmenschliche Probleme

Die meisten Probleme im Leben leiten sich aus fehlgesteuerten zwischenmenschlichen Beziehungen her. Hand aufs Herz: Geht es bei den Problemen, denen Sie sich gegenübersehen, nicht überwiegend um Menschen, mit denen Sie zu tun haben? Am Arbeitsplatz, in der angeheirateten Verwandtschaft, im Freundeskreis, bei Behörden, in Ihrem Wohnviertel oder in Ihrer unmittelbaren Nachbarschaft? Ernsthafte Probleme am Arbeitsplatz sind nur selten auf Schwierigkeiten bei der Erledigung der Aufgaben zurückzuführen, verursacht durch unfähige Mitarbeiter, Kollegen oder Vorgesetzte. In neun von zehn Fällen hapert es vielmehr an der sogenannten sozialen Kompetenz. Die zwischenmenschlichen Probleme sind darauf zurückzuführen, dass viele Menschen ungeduldig, unausstehlich, rücksichtslos, achtlos oder aggressiv sind, sich also keine Mühe geben, mit anderen auszukommen. Das eigentliche Problem ist also nicht die Arbeit selbst, sondern die zwischenmenschlichen Beziehungen am Arbeitsplatz sind es.

Die einzige langfristig wirksame Problemlösung ist die Macht der Liebe.

Damit meine ich keine gefühlsduselige, sentimentale, emotional aufgeladene, romantisch verklärte oder melodramatische Liebe.

Gemeint ist eine leidenschaftslose Liebe ohne Anhaftung, eine Liebe, die ewig, unendlich und göttlichen Ursprungs ist, die Art Liebe, die unser Universum zusammenhält und auf das höchste Wohl für alle Beteiligten in allen Situationen bedacht ist.

Wir können diese Liebe, eine Liebe ohne sentimentale oder emotionale Anhaftung, nur dann
empfinden, wenn wir begreifen, dass jeder Mensch
auf unserem Planeten Erde bestimmte Lerner-
fahrungen macht, die er braucht, um die Entwicklung seiner Seele und sein spirituelles Wachstum
zu fördern. Im Zuge dieser Erkenntnis wird uns
dann klar, dass es weder unsere Aufgabe sein kann
noch unser Bestreben sein darf, in die evolutionären
Erfahrungen anderer Menschen einzugreifen oder
diese zu vereiteln. Diese Art Liebe, der jede Anhaftung fehlt, ist allumfassend oder universal. Diese
Art Liebe lässt zu, dass andere Menschen auf die
Weise wachsen und sich entwickeln, die für sie am
besten ist.

Segnen Sie andere mit Liebe

Immer wenn Sie ein zwischenmenschliches Problem haben, gleich, ob zu Hause oder am Arbeitsplatz, sollten Sie sowohl die Betroffenen als auch
die Probleme mit Liebe segnen. Natürlich ist es
schöner und einfacher, Menschen zu segnen, die
Sie lieben und deren Wohl Ihnen am Herzen liegt
– was Sie übrigens ausgiebig tun sollten. Menschen
zu segnen, die Ihnen Kummer oder Verdruss be-

reiten, fällt mitunter schwer, aber vielleicht hilft Ihnen das Wissen, dass Sie dadurch manchmal wahre Wunder wirken können.

Wenn Sie beispielsweise ein Problem mit einer Kollegin am Arbeitsplatz haben, versuchen Sie, sich die Person und die Situation bildlich vorzustellen, umgeben vom weißen Licht göttlicher Liebe. (Siehe 6. Kapitel über *Die Macht der Visualisierung*.) Setzen Sie sich ein paar Minuten ruhig hin und stellen Sie sich vor, wie Sie das Problem mit der Betreffenden einvernehmlich und freundschaftlich lösen. Umgeben Sie die Person/Situation, die Ihnen Kopfzerbrechen bereitet, mit Liebe. Dann segnen Sie die Person/Situation und sagen laut:

 Ich segne dich, ___ (Name), mit Liebe.

Die gleiche Erklärung können Sie auch für eine schwierige Situation abgeben, der Sie sich gegenübersehen. Sagen Sie beispielsweise:

Ich segne das Problem ___ am Arbeitsplatz mit Liebe.

Sie sollten Ihre Affirmationen fünfzehnmal nacheinander laut wiederholen (siehe 3. Kapitel über *Die Macht der Affirmation*).

Ich habe festgestellt, dass auch dann erstaunliche Dinge geschehen, wenn ich mich in einer unangenehmen Situation befinde und die daran beteiligten Personen in diesem Moment lautlos mit Liebe segne. Es ist, als würden die liebevollen Schwingungen eine verkrustete Situation aufbrechen und einen grundlegenden Wandel herbeiführen.

Segne etwas, und es wird dich segnen.
Verfluche etwas, und es wird dich verfluchen.
Emmet Fox

Segnen Sie alles

Sie können nicht nur schwierige Menschen und Situationen mit Liebe segnen, sondern alles in Ihrem Leben, von Ihrem Auto über Ihren Computer, Ihre Waschmaschine, Ihren Lebensmittelhändler bis hin zu den monatlichen Rechnungen. Dabei werden Sie feststellen, dass Ihnen die Dinge leichter zufließen. Das Leben verändert sich von Grund auf, wenn Sie aufhören, Widerstand zu leisten und ständig gegen Windmühlenflügel zu kämpfen. Wenn Sie Menschen oder Dinge mit Liebe segnen statt sie zu verfluchen, verändert sich ihr Verhalten, selbst wenn es sich um ein sogenanntes unbelebtes Objekt wie den

Computer handelt. Schließlich leben wir in einem intelligenten Universum.

❀ Segnen Sie Ihr Leben, Ihren Körper, Ihre Gesundheit, Ihre Arbeit, Ihre Probleme, Ihre Nahrung, Ihr Zuhause, Ihre Vergangenheit, Ihre Gegenwart, Ihre Kindheit, Ihre Zukunft, Ihre Lehrer, Ihre Bücher, Ihre Musik, Ihre Besitztümer, Ihr Werkzeug, Ihre Freunde, Ihre Feinde, Ihre Familie, Ihren Partner/Ihre Partnerin, Ihre Kinder, Ihre Eltern, Ihren Beruf, Ihre Kollegen, Ihr Auto, Ihr Geld, Ihr Einkommen, Ihre Schulden, Ihre Rechnungen, Ihre Straße, Ihre Nachbarn, Ihr Land, den Planeten, die Sonne, den Mond, die Sterne, das Universum … Umgeben und segnen Sie alles mit Liebe.

Wie mein Sohn die Klinik segnete

Mein Sohn musste wegen eines Fußproblems ambulant in einer Klinik behandelt werden. Eines Tages kam er nach Hause und klagte, dass es dort wie am Fließband einer Fabrik zuging und nicht wie in einem Krankenhaus, in dem Menschen Heilung suchten. Die Wartezeiten waren endlos lang und wenn man endlich an der Reihe war, hatten die Ärzte keine Zeit, um ein paar persönliche Worte mit ihren Patienten zu wechseln oder ihnen den Ablauf der Behandlung zu erklären.

Ich riet ihm, vor dem nächsten Termin sowohl die Ärzte als auch die Klinik mit Liebe zu segnen und sich genau vorzustellen, wie er sich das Umfeld und den Ablauf der Therapie wünschte. Außerdem bat ich ihn, die Ärzte und Krankenschwestern zu segnen, wenn er dort war, und sich vor Augen zu halten, dass sie es sich zur Lebensaufgabe gemacht hatten, anderen Menschen zu helfen; deshalb sollten wir für ihre Fähigkeiten und Dienste dankbar sein. Als er nach dem nächsten Besuch nach Hause kam, sagte er: »Unfassbar. Ich musste überhaupt nicht warten. Und als ich die Ärzte und Krankenschwestern gesegnet hatte, stellte ich plötzlich fest, dass alle sehr nett zu mir waren. Sie lächelten und waren hilfsbereit und freundlich. Und dieses Mal hatte der Arzt genug Zeit, mir den Therapieablauf genau zu erklären und mir zu sagen, wie oft ich noch zu weiteren Behandlungen ins Krankenhaus muss.«

Liebe erfordert keine Übung. Liebe ist.
Man kann das Ist-sein nicht üben.
Was man indes üben kann, ist die Entscheidung, zu lieben.

Emmanuel

13

Die Macht
der Stille

Stille ist Balsam für die Seele, ein Geschenk des Himmels. Ohne Stille würden wir verkümmern, die Orientierung verlieren oder unfähig sein, unser volles Potential zu erkennen und auszuschöpfen.

Stille ist eine wunderbare Welt, in der wunderbare Dinge geschehen … Stille ist ein Refugium, in das wir uns zurückziehen, um mit unserer inneren Stimme, unserer Intuition, unseren tiefsten, verborgensten Gefühlen, Träumen und Wünschen Kontakt aufzunehmen … In der Stille finden wir Antworten auf Fragen, die uns Sorge oder Kopfzerbrechen bereiten, und entdecken Lösungen für Probleme, die unlösbar scheinen.

Deshalb sollten wir keine Angst vor der Stille haben, sondern sie bewusst suchen. Weil die Stille unser Verbündeter ist. Stille ist ein wahrer Segen.

Leider fürchten viele Menschen die Stille, weil sie nicht erkennen, was für eine Wohltat die Stille sein kann: Ein Ort der Magie, ein verwunschener Garten, ein Zufluchtsort, wo man sich neu organisieren, die Batterien wieder aufladen, Kräfte sammeln kann. Sie fühlen sich nur wohl in ihrer Haut, wenn sie permanent von Aktivitäten, Lärm, Unterhaltungen, Musik, Fernsehen und dem hektischen Tempo des Großstadtlebens umgeben sind. Selbst in ihrer Freizeit haben sie das Bedürfnis, ständig etwas zu tun: Sie telefonieren, machen Pläne, sehen fern, treffen sich mit Freunden, gehen aus, suchen sich irgendeine Beschäftigung. Sie stehen ständig unter Stress und haben vergessen, wie wichtig die Erhaltung eines harmonischen Gleichgewichts zwischen Aktivität und Ruhephasen ist.

Gehören Sie zu den Menschen, die irrigerweise glauben, sie müssten immerzu in Bewegung sein, nach dem Motto »Wer rastet, der rostet«? Sind Sie der Meinung, Sie müssten ohne Unterlass »produktiv« und »aktiv« sein? Falls Sie darauf programmiert sind, sollten Sie sich diesen Gedanken unverzüglich aus dem Kopf schlagen, denn Sie lassen sich nicht nur eine der größten wahren Freuden im Leben entgehen, sondern auch eine von Gott gegebene Kraftquelle. Sie vergeuden Ihre Lebenskraft und schöpferische Energie, wenn Sie sich niemals die Zeit nehmen, in die Stille zu gehen, um sich zu zu erneuern, zu revitalisieren.

❀ Haben Sie Angst vor der Stille?
Angst vor der Stille zu haben bedeutet,
Angst vor sich selbst zu haben.

Jeden Tag zehn Minuten Stille

Versuchen Sie jeden Tag einmal, Ihre Aktivitäten und Ihre Geschäftigkeit zu unterbrechen und sich eine Auszeit von zehn Minuten zu nehmen, um in die Stille zu gehen. Sie können die Übung am Arbeitsplatz oder zu Hause machen. Sie müssen lediglich beschließen, damit zu beginnen.

Setzen Sie sich still und leise hin, ohne etwas anderes zu tun. Geben Sie sich die Erlaubnis, innerlich zur Ruhe zu kommen. Ihre Tür sollte geschlossen und das Telefon während dieser Zeit ausgehängt sein. Schaffen Sie sich eine Oase des Friedens und der Stille. Lassen Sie Ihre Gedanken wandern, wohin sie wollen.

Nach zehn Minuten kehren Sie ins Leben zurück. Sie werden erstaunt sein über die Wirkung, vor allem, wenn Sie diesen kurzen Perioden der Stille jeden Tag einen festen Platz einräumen. Sie werden feststellen, dass Sie sich viel besser auf Ihre Arbeitsaufgaben konzentrieren können und mehr Leistung mit weniger Mühe erbringen.

Ein Nachmittag oder Tag der Stille

Wenn Sie sich selbst etwas Gutes tun wollen, sollten Sie sich einen Nachmittag oder einen Tag der Stille gönnen. Am besten draußen in der Natur. Während Ihre Seele die Ruhe der Natur in sich aufnimmt und nach der Hektik des Alltags abzuschalten beginnt, fühlen Sie sich vielleicht wie ein Drogensüchtiger, der unter Entzugssymptomen leidet. Diese Erfahrung ist zunächst nicht immer angenehm, doch irgendwann werden Sie spüren, wie Sie zur Ruhe kommen. Die unablässigen Dialoge in Ihrem Kopf verstummen und Ihre Atmung wird tiefer.

Die Stille wird in Ihnen Raum gewinnen und Ihnen ihre Geheimnisse offenbaren. Sie kann verblüffende Einsichten mit sich bringen, kann Sie leiten und Ihnen den Weg weisen, wenn Sie in einer scheinbar ausweglosen Situation gelandet sind. Vor allem aber wird Ihnen die Stille eine Fülle neuer Lebensperspektiven, neue Energie und neue kreative Ideen bringen.

Seien Sie nicht enttäuscht, wenn die Stille ihre Geheimnisse nicht gleich beim ersten Versuch enthüllt. Ihre Seele ist vielleicht so sehr an ununterbrochene Aktivitäten und innere Dialoge gewöhnt, dass sie eine Weile braucht, um sich auf die Stille einzustellen. Doch wenn Sie regelmäßig in die Stille gehen, und wenn auch nur für kurze Zeit, wird sie Ihnen irgendwann die Tür öffnen, denn sie ist ein direktes Bindeglied zu den himmlischen Mächten oder der Höheren Intelligenz, die das Fundament des Universums bildet und es lenkt. Stille ist jederzeit verfügbar; sie wartet nur darauf, Ihnen allezeit Trost, Kraft und geistige Führung zu bringen.

Kreativität und Stille: lernen, auf die leise innere Stimme zu warten

Jeder schöpferischen Tätigkeit geht eine Periode der Stille voraus.

Bei aufmerksamer Beobachtung werden Sie feststellen, dass alle kreativen Vorhaben im leeren Raum vor dem eigentlichen schöpferischen Akt wurzeln.

Es ist, als ob alle Gedanken und Erfindungen aus der Stille auftauchen, um zu wachsen und in unserer Fantasie Gestalt anzunehmen, zuerst als Ideen und später als spektakuläre Schöpfungen des Menschen. Manchmal ist die Stille vor der Aktivität der schwierigste Teil des schöpferischen Prozesses. Das liegt daran, dass wir oft unnötig mit Widerständen ringen und versuchen, Ergebnisse zu erzwingen, statt in die Stille zu gehen und auf unsere leise innere Stimme zu warten …

14

Die Macht
der Natur

Dass wir uns besser fühlen, wenn wir in die Natur hinausgehen, liegt unter anderem auch daran, dass wir hier der höheren Macht ein Stück näher sind. Manchmal spüren wir sogar eine direkte Verbindung zu den himmlischen Mächten. Eine wundervolle, beflügelnde Erfahrung ... Wir fühlen uns gestärkt, in Hochstimmung, mit der Schöpfung verbunden. Wir spüren, wie die universelle Kraft des Kosmos in allem pulsiert; wir spüren ihren Fluss und ihre Stärke, die uns durchdringt. Offenbar ist es leichter, diese schöpferische Macht im Freien wahrzunehmen, im Wald, in den Bergen oder an einem Ort, wo es keinen Lärm, keine menschlichen Ansiedlungen, keine Telefone, keine Fernsehgeräte, kein Ego, keine Hektik, keine Gewalt, keine Autos, keine von Menschenhand geschaffenen Produkte oder Empfindungen gibt, die uns ablenken und/oder unser Bewusstsein mit Informationen überschwemmen.

Wenn wir uns in der freien Natur aufhalten, wenn wir still werden und abschalten, und wenn auch nur für eine kleine Weile, nehmen wir mit einem Mal die universelle Präsenz wahr. Wir spüren, dass die universelle Kraft des Kosmos gegenwärtig ist, bei uns und in uns!

Stille bewahren

Natürlich macht es Spaß, mit Freunden im Wald spazieren zu gehen, und dieses Vergnügen sollten wir uns unbedingt gönnen. Aber nicht ständig, denn in Gesellschaft von Freunden neigen wir dazu, uns angeregt zu unterhalten, Klatsch und Tratsch auszutauschen und fortwährend zu reden. Wenn wir jedoch in die Natur hinausgehen, um unseren Gefühlen und unserem Mitteilungsbedürfnis Luft zu machen, fällt es den himmlischen Mächten schwer, unsere Aufmerksamkeit zu wecken, denn sie singen oder tanzen nicht, um sich bemerkbar zu machen. Sie sind einfach nur da. Zeitlos und allgegenwärtig, unter der Oberfläche verborgen. Deshalb müssen wir in die Stille gehen, offen und empfänglich sein, damit diese Macht ihre Wirkung in uns entfalten kann. (Siehe 13. Kapitel über *Die Macht der Stille*.)

Kraftorte

Es gibt Stellen in der Natur oder auf dieser Erde, die von besonderer Kraft erfüllt sind. Falls Sie sich jemals an einem solchen Ort aufgehalten haben, wissen Sie, was ich meine. Ein Kraftort überwältigt mit seiner Klarheit und Schönheit, mit seiner Harmonie und dem Gefühl der Stärke und Energie, die man dort verspürt. Einige Orte auf unserem Planeten strahlen eine so hohe Energie aus, dass sich niemand ihrer magischen Wirkung zu entziehen vermag. Die Wüste, die sich rund um die amerikanische Stadt Santa Fe erstreckt, gehört dazu, aber auch in anderen Ländern gibt es solche Kraftorte.

Darüber hinaus kann jeder Mensch nach eigenen Kraftzentren Ausschau halten, die ihn persönlich ansprechen. Ich suche meine Kraftzentren auf, wenn ich das Bedürfnis habe, Trost oder Heilung zu finden, meine Batterien wieder aufzuladen und zu regenerieren. Für mich sind sie geheiligter Boden. Schon beim Näherkommen fühle ich mich besser. Und die Erinnerung an die Harmonie und Heilung, die ich hier erfahren habe, rufen noch lange danach ein tiefes Gefühl des Friedens und Wohlbefindens in meiner Seele hervor.

Entdecken Sie Ihren eigenen Kraftort

Wenn Sie nicht schon einen haben, sollten Sie nach einem Kraftort Ausschau halten, der Ihnen persönlich zusagt. Ein Fleckchen Erde in der Natur, das Ihnen ein Gefühl der inneren Stärke und Harmonie vermittelt, wo Sie regenerieren können. Falls Sie nicht wissen, wie oder wo Sie mit der Suche beginnen sollen, folgen Sie einfach Ihrer Intuition und warten ab, wohin Ihre Füße Sie tragen.

Seien Sie offen und aufgeschlossen für Ihre innere Stimme, die sich nur leise bemerkbar macht. Im Verlauf Ihrer Wanderung, die deshalb in aller Stille erfolgen sollte, werden Sie spüren, wenn Sie Ihren Kraftort gefunden haben. Sie werden merken, dass Sie sich wesentlich besser fühlen – geheilt von Kummer, Sorgen oder was auch immer –, nachdem Sie sich dort ausgeruht, entspannt, meditiert oder einfach nur die Muße genossen haben.

Bewegen Sie sich in der Natur

Abgesehen davon, dass wir schweigen, ausruhen, entspannen und uns in aller Stille auf die Kraft der Natur einstimmen können, haben wir die Möglichkeit, unser Energiereservoir durch Loslassen all dessen, was uns blockiert, aber auch durch körperliche Bewegung, Sport, Singen oder Tanzen unter freiem Himmel wieder aufzufüllen.

Wenn es beispielsweise irgendetwas gibt, was Sie bedrückt, können Sie bei einem Waldspaziergang versuchen, die Situation und Ihre diesbezüglichen Gefühle loszulassen. Suchen Sie sich ein ruhiges, abgeschiedenes Plätzchen oder einen entlegenen Pfad und sprechen Sie angesichts der Bäume oder gewundenen Wege laut Ihre Affirmationen, bis sich ein Gefühl des inneren Friedens einstellt (siehe 3. Kapitel über *Die Macht der Affirmation*). Bekräftigen Sie beispielsweise:

❀ Ich lasse nun uneingeschränkt und aus freiem Willen ___ (die Person oder Situation) los. Ich segne dich ___ (Person, Situation) und entlasse dich aus meinem Leben. Jede Form der Unstimmigkeit zwischen uns ist nun aufgelöst. Es steht dir frei, den Weg zu deinem höchsten Wohl zu gehen, und es steht mir frei, dem Weg zu meinem höchsten Wohl zu folgen. Alles zwischen uns befindet sich in vollkommener Harmonie, jetzt und immerdar.

Suchen oder formulieren Sie eine positive Bestätigung, die Ihnen richtig erscheint und auf Ihr Problem oder Ihre Situation zugeschnitten ist. Wiederholen Sie Ihre Affirmation immer wieder, bis Sie ein Gefühl des Friedens und der inneren Ruhe empfinden. Wenn Sie diesen Punkt erreicht haben, werden Sie spüren, dass die Angelegeheit erledigt ist. Vergessen Sie das Ganze und genießen Sie den Waldspaziergang!

Umarmen Sie einen Baum

Einen Baum zu umarmen ist ebenfalls eine gute Übung, um sich zu erden, wenn Sie sich in der Natur aufhalten. Ich habe meine speziellen Bäume, die ich besonders gerne umarme, und danach geht es mir immer viel besser. Ich umspanne den Baum mit beiden Armen und drücke ihn, die Füße fest auf den Boden neben dem Stamm gestemmt. Ich genieße es, die gewaltige Kraft des Baumes zu spüren. Während ich den Baum umarme, stelle ich mir vor, wie ich dem Fluss der Energie folge, die von den mächtigen, tief im Boden verankerten Wurzeln ausgeht und durch das Geäst aufsteigt, dem Himmel zu.

Es tut auch gut, sich mit dem Rücken an den Stamm des Baumes zu lehnen und zu spüren, wie seine Energie die Wirbelsäule auf und ab strömt.

Die Übung ist hervorragend, wenn Sie in einer Sackgasse stecken oder in Ihrem Leben ein Stillstand eingetreten ist, denn sie trägt dazu bei, Ihre Energie wieder in Fluss zu bringen.

Nehmen Sie die Aura wahr

Wenn Sie lernen wollen, die Aura oder das Energie- bzw. Schwingungsfeld wahrzunehmen, das jedes Lebewesen umgibt, ist der Baum ein guter Anfang. Die Aura eines Baumes erkennt man leicht. Wählen Sie einen schönen großen Baum aus, von dem Sie intuitiv spüren, dass er vor Energie strotzt. Stellen Sie sich so weit entfernt hin, dass Sie den ganzen Baum im Blickfeld haben. Atmen Sie ein paar Mal tief ein und aus; entspannen Sie sich. Betrachten Sie den Wipfel des Baumes, die Zwölf-Uhr-Position; nehmen Sie den blauen Himmel wahr, der den Baum umgibt. Nun lassen Sie die Augen wandern, sodass Ihr Blick auf der Ein-Uhr-Position über dem Baum ruht. Entspannen Sie sich; lassen Sie den Blick unscharf werden. Schauen Sie nun aus dem Augenwinkel, ohne den Blick zu fokussieren, wieder auf die Zwölf-Uhr-Position. Sie werden feststellen, dass der Wipfel eine weißlich-blaugraue Umrandung hat. Das ist das Ener-

giefeld des Baumes oder seine Aura. Sobald Sie
mehr Übung haben, werden Sie die Aura um den
ganzen Baum erkennen. (Am besten stellen Sie sich
mit dem Rücken zur Sonne.) Üben Sie so lange, bis
Sie spüren, dass Ihnen die Wahrnehmung der Aura
in Fleisch und Blut übergegangen ist! Wir alle besitzen diese Fähigkeit, denn sie ist uns angeboren.
Versuchen Sie dann, die Aura von Pflanzen, Tieren
und Menschen wahrzunehmen.

15

Die Macht,
weniger zu essen

Es gibt nur eine Möglichkeit, weniger zu essen: *Hören Sie auf, ständig über Essen nachzudenken.* Die meisten Menschen versuchen weniger zu essen, weil sie abnehmen möchten. Natürlich sieht es gut aus, wenn man attraktiv und schlank ist, aber darum geht es hier nicht.

Hinter der Empfehlung, weniger zu essen, steckt mehr als der Wunsch, durch Hungern das Idealgewicht zu erreichen.

Der wichtigste Grund ist: *Wenn wir weniger essen, gewinnen wir an Stärke.*

Erstens können wir klarer denken.

Zweitens haben wir mehr Energie.

Und drittens können wir uns besser konzentrieren.

Es sei denn, wir hungern und kasteien uns die ganze Zeit, doch das ist mit »weniger essen« nicht gemeint.

Mit »weniger essen« meine ich: Essen Sie weniger als das, was Sie zu brauchen glauben. Die meisten

Menschen essen deutlich mehr, als sie müssten, und viele neigen dazu, wahre Schlemmerorgien zu veranstalten.

Maßloses Essen macht nicht nur dick, sondern auch körperlich träge, unbeholfen, müde und lethargisch (weil Magen und Gedärme stärker durchblutet werden als das Gehirn). Es beeinträchtigt unsere Fähigkeit, klar zu denken und Ideen zu präsentieren, mindert das sexuelle Verlangen, nimmt uns jedwede Antriebskraft, hat zur Folge, dass wir uns selbst nicht mehr leiden können und dass wir für alle möglichen gesundheitlichen Probleme und Krankheiten anfällig werden (beispielsweise für die sogenannten modernen Zivilisationskranheiten). Die allesamt natürlich viel zu unerfreulich sind, um sie in einem Buch über Macht und innere Stärke zu erwähnen!

Weniger essen, länger leben

Um dem Fass die Krone aufzusetzen, verringern wir mit dieser Völlerei unsere Lebenszeit auch noch um etliche Jahre! (Was die berechtigte Frage aufwirft, warum einige Menschen trotzdem diesem Laster frönen …) Tests haben gezeigt, dass sich die Lebensspanne von Tieren merklich verlängerte, wenn sie nur so viel Futter erhielten, dass der Sätti-

145

gungspunkt nie ganz erreicht wurde. Aber bei meiner Empfehlung, weniger zu essen, ist der Gedanke zweitrangig, Ihnen einen Freifahrtschein für ein längeres Leben schmackhaft zu machen. Ich bringe das Thema vor allem deshalb zur Sprache, weil weniger essen ebenfalls ein Weg zur Macht ist: Ohne Völlegefühl können Sie sich besser fokussieren (Siehe 8. Kapitel über *Die Macht des Fokus*.)

Das ist eine Tatsache, an der es nichts zu rütteln gibt. Wenn Sie weniger essen, werden Sie merken, dass Sie sich leichter konzentrieren können. Was glauben Sie, warum so viele spirituelle Wege das Ritual des Fastens beinhalten? Fasten ist eine schnelle, effektive und nachhaltige Methode, einen klaren Kopf zu bekommen, Ballast abzuwerfen. Probieren Sie es drei Tage lang und beobachten Sie, was passiert. Fasten ist mehr als der Verzicht auf Nahrung: Sie lösen sich mental von allen Dingen, die in Ihrem Leben überflüssig sind. Fasten bewirkt, dass Sie sich wieder auf das besinnen, was im Leben wirklich wichtig ist.

Denken Sie nicht ans Essen

Ich habe viele Jahre lang verschiedene Diäten und Ernährungslehren ausprobiert sowie Methoden für ein glücklicheres und gesünderes Leben studiert und war in diesem Bereich beratend tätig. Sich den Zusammenhang zwischen Ernährung und Gesundheit bewusst zu machen ist ein guter Ausgangspunkt, um die eigene Lebensqualität zu verbessern. Sie sollten indes versuchen, diese Grundeinstellung so schnell wie möglich zu verinnerlichen und eine Stufe weiterzugehen, es sei denn, Sie leiden an einer ernsthaften Erkrankung, die Sie zwingt, Ihr Augenmerk ständig darauf zu richten. Sobald Sie erkannt haben, was Nahrung in Ihrem Leben wirklich bewirkt, ist Ihnen klar, was Sie tun und lassen sollten: 1) Die Zufuhr von tierischer Nahrung und Fett verringern; 2) weitgehend auf weißen Zucker verzichten; 3) weniger industriell verarbeitete Produkte und Lebensmittel mit chemischen Zusätzen verwenden; 4) den Konsum von Alkohol und Kaffee einschränken; 5) mit dem Rauchen aufhören und 6) mehr Vollkornprodukte, Gemüse, Obst und hochwertiges Brot essen ... also die Grundregeln einer gesunden Ernährung beachten. Sobald Sie diese verinnerlicht haben, können Sie zum nächsten Punkt der Tagesordnung übergehen.

Denken Sie nicht ans Essen. Vergessen Sie es einfach.

Nicht ständig ans Essen zu denken ist meiner Erfahrung nach der beste Weg, weniger zu essen.

Schauen Sie sich die Leute an, die eine Diät machen, um abzunehmen. Die meisten beschäftigen sich in dieser Zeit derart zwanghaft mit dem Essen und dem Gewichtsverlust, dass sie nicht durchhalten. Weil Sie ständig an Nahrung denken und etwas Negatives darin sehen. Oh nein, das darf ich nicht essen! Hilfe, schon wieder ein paar Kilo mehr! Oh Gott, ich sehe grauenhaft aus! Ich halte das nicht mehr aus, ich habe solchen Hunger! Und so weiter. Alles, worauf man seine Aufmerksamkeit fokussiert, wächst und mehrt sich, wie wir inzwischen wissen. Wenn Sie abnehmen wollen, sollten Sie das Essen folglich vergessen. Verlieben Sie sich, machen Sie einen Fußmarsch von einem Ende der Stadt zum anderen, beschließen Sie, dieses Jahr Ihre erste Million zu verdienen – und ich garantiere Ihnen, dass Sie problemlos abnehmen.

Schnell und leicht unterwegs sein

Das Wichtigste ist, mit leichtem Gepäck zu reisen. Darüber haben wir schon im Kapitel über das Loslassen gesprochen (siehe 4. Kapitel über *Die Macht des Loslassens*). Wir haben auch gesagt, dass die grundlegende Ursache aller Probleme Blockaden sind und es dafür nur ein grundlegendes Heilmittel gibt: die Zirkulation oder Rückführung in den Energiekreislauf. Völlerei – mehr essen, als Sie brauchen, um mit leichtem Gepäck unterwegs zu sein – ruft Blockaden in Körper, Geist, Seele und in Ihrem Leben hervor.

Wenn Sie mit Ihren Loslass-Übungen beginnen, sollten Sie also auch das Essen in Ihre Agenda aufnehmen. Lassen Sie den Gedanken daran los. Lassen Sie die Gewohnheit los, mehr zu essen als Sie sollten, und Ihr Körper wird es Ihnen danken: Er wird aufblühen, sich regenerieren.

Der Trick dabei ist, dass Sie sich auf die wichtigen Dinge in Ihrem Leben konzentrieren und den Rest vergessen. Wenn Sie sich daran halten, werden Sie weniger essen, bevor Sie es merken. Lieben und segnen Sie Ihren Körper, wenn Sie an ihn denken. Loben Sie ihn ohne Unterlass. Sagen Sie ihm, wie sehr Sie zu schätzen wissen, dass er Sie herumträgt, die Nahrung verarbeitet, die Sie ihm zuführen, Sie befähigt, zu sehen, zu hören, zu riechen und die Welt zu berühren. Ihr Körper ist in der Lage, auf Lob und Segen zu reagieren. Aber nicht, wenn Sie ihn vollstopfen.

Bleiben Sie nicht nur mental, sondern auch körperlich in Bewegung. Und genießen Sie diese sportlichen Aktivitäten. Welcher Art auch immer. Wichtig ist nur, dass Sie sich bewegen.

Eines garantiere ich Ihnen: Wenn Sie in Bewegung bleiben, wenn Sie Ihre Aufmerksamkeit bündeln und sich auf Ihre Träume und Pläne konzentrieren, wenn Sie Ihren Körper loben und segnen und wenn Sie Ihren Weg zum Gipfel des Berges visualisieren, den Sie gerade erklimmen, werden Sie das Essen ohnehin vergessen. Was ein Riesenvorteil ist. Sie sind dadurch schneller und leichter unterwegs, werfen mentalen Ballast ab, schärfen Ihr Sehvermögen, regenerieren Ihren Geschmackssinn, genießen es, in Ihrem Körper zu leben, finden mehr Gefallen an Sport und Bewegung und – was am wichtigsten ist – *Sie entdecken Ihr inneres Kraftpotenzial.*

Zugegeben, vielleicht haben Sie das Bedürfnis, noch ein paar Vitamintabletten, Wasser und Karotten als Wegzehrung mitzunehmen, aber wenn Sie schnell und mit leichtem Gepäck starten, bleibt Ihnen vermutlich keine Zeit für sehr viel mehr.

16

Die Macht
der körperlichen Bewegung

Abgesehen davon, dass sie Spaß macht, ist regelmäßige körperliche Bewegung eine der schnellsten und wirksamsten Methoden, Energie zu tanken und das innere Kraftpotenzial auszuschöpfen.

Die meisten Menschen wissen, dass es der Gesundheit zuträglich ist, sich ausreichend zu bewegen. Die Vorteile liegen auf der Hand: bessere Kondition, mehr Energie und Vitalität und weniger Fettpölsterchen – also ein Körper, der fester, schlanker und attraktiver ist. Doch was manche vergessen oder nicht wissen, ist, dass sich ausreichende körperliche Bewegung auch auf der mentalen, emotionalen und spirituellen Ebene positiv auswirkt. Eine der nachhaltigsten, aber weniger bekannten Auswirkungen besteht darin, dass wir mit kraftvoller körperlicher Betätigung dem Verstand einen Riesengefallen erweisen, weil er in dieser Zeit einen Gang herunterschalten und sich erholen kann.

Schalten Sie Ihr Gehirn eine Weile aus

Der Hang, kopfgesteuert zu reagieren, viel nachzudenken oder überwiegend auf der Verstandesebene an das Leben heranzugehen, kann sich als große Belastung für die Betroffenen erweisen. Nicht dass der Hang zu Nachdenklichkeit, Logik und Vernunft an sich etwas Schlechtes wäre. Probleme entstehen nur dann, wenn wir zulassen, dass der Verstand unser Leben beherrscht und dabei unsere emotionale und spirituelle Natur außer Acht lässt.

Mit anderen Worten, Sie sind zu kopflastig, wenn Sie dazu neigen, alles – das Leben, Menschen, Situationen – in einem solchen Ausmaß zu analysieren und mit dem Verstand zu erforschen, dass Ihre Intuition zu kurz kommt. Wenn Sie feststellen, dass Sie es versäumen, auf Ihre innere Stimme zu hören, Ihren Eingebungen zu vertrauen, Ihren Ahnungen und Gefühlen Beachtung zu schenken, weil Sie Ihnen unerklärlich oder vor sich selbst und anderen nicht mit »logischen« Argumenten zu rechtfertigen sind, dann ist es an der Zeit, achtsam zu sein. Denken und Analysieren im Übermaß kann sich als großes Hindernis im Leben erweisen, weil Sie sich dadurch den Weg zu zahlreichen wichtigen, intuitiven Informationen und Erkenntnissen über sich selbst, andere Menschen, das Leben und die Natur des Universums generell versperren.

Der größte Krieg im Leben jedes Menschen wird zwischen dem Verstand und dem Herzen ausgefochten – wenn das Herz sagt: »So ist es«, und der Verstand sagt: »Was ich nicht verstehe, glaube ich nicht.«

Emmanuel

Das Geschenk der körperlichen Bewegung

Deshalb ist körperliche Bewegung ein solches Geschenk. Sie bietet uns die Möglichkeit, den eisernen Griff zu lockern, mit dem der Verstand unser Leben reglementiert. Wenn wir uns verausgaben und schwitzen, wenn wir frische Luft tanken, tief durchatmen und den unendlichen Reichtum der Natur in vollen Zügen genießen, neigen wir dazu, die Sorgen und das ständige Analysieren zu vergessen … zumindest für eine Weile. Deshalb ist es nicht verwunderlich, dass sich die meisten Leute besser fühlen, wenn sie körperlich aktiv sind.

Das Schöne daran ist, dass es keine Rolle spielt, ob Sie sich ins tiefblaue Meer stürzen, um eine Runde zu schwimmen, oder die Jalousien herunterlassen, um in der Abgeschiedenheit Ihrer eigenen vier Wände ausgelassen zu tanzen.

Und körperliche Bewegung hat noch etwas Gutes: sie ist eine physische Affirmation der Macht, Freude und Fülle in unserem Leben. Was man mit gesprochenen oder geschriebenen Affirmationen bewirkt, wissen Sie bereits (siehe 3. Kapitel über *Die Macht der Affirmation*). Sportliche Betätigung ist eine weitere Form der Affirmation. Eine Affirmation in Bewegung, sozusagen! Denn wenn Sie sich bewegen, wenn Sie Ihren Kreislauf ankurbeln, bringen Sie damit Liebe, Segen, Lob und die Freude über Ihren Körper und das Geschenk des Lebens zum Ausdruck, das Sie erhalten haben.

Sie können die Wirkung der körperlichen Aktivitäten noch durch laut gesprochene Affirmationen untermauern, ein weiterer absolut sicherer Weg, die Ergebnisse um das Zehnfache zu steigern. Affirmieren Sie beispielsweise:

❀ Mein Körper ist kraftvoll, gesund und stark!
Meine Gesundheit ist von nun an meine wichtigste und einzige Realität!
Jeden Tag fühlt sich mein Körper in jeder Weise besser und besser!

154

Power-Work-out

Dieses Power-Work-out ist eine Übung, die Spaß macht und die Energie beträchtlich steigert. Sie können Sie gut mit anderen Fitnessaktivitäten Ihrer Wahl kombinieren.

1. Schritt: Lockern

Stellen Sie sich bequem hin, beide Füße fest auf dem Boden. Atmen Sie ein paar Mal tief ein und aus und entspannen Sie sich. Beginnen Sie damit, den ganzen Körper durch behutsames Schütteln zu lockern. Lassen Sie dabei alle Anspannung und Müdigkeit los. Nun schütteln Sie jeden Teil des Körpers einzeln; stellen Sie sich dabei vor, dass Sie diesen Bereich liebevoll aufwecken. Fangen Sie beim Kopf an: Lockern Sie Nacken- und Halspartie, dann kommen Schultern, Arme, Hände und Finger an die Reihe. Die Schüttelbewegungen sollten weich, sanft und angenehm sein und sich ganz natürlich anfühlen. Das Ziel besteht darin, sich zu entspannen und zu lockern. Fahren Sie langsam fort, jede einzelne Körperpartie zu schütteln, bis hinunter zu den Zehen. Wenn Sie sich entspannen und Zeit lassen, werden Sie spüren, wie sich jeder Bereich zu lockern und zu beleben beginnt.

Wenn Sie Lust haben, schütteln und lockern Sie danach noch einmal Ihren ganzen Körper.

Es macht auch Spaß, diese Übung auf dem Boden durchzuführen, flach auf dem Rücken liegend.

2. Schritt: Aufwärmen

Reiben Sie die Hände kräftig aneinander, bis Sie spüren, dass die Handflächen warm werden. Dann massieren Sie Ihren Körper von Kopf bis Fuß mit den Händen, um ihn aufzuwärmen und zu lockern. Beginnen Sie am höchsten Punkt des Kopfes; dann kommen Gesicht, Hals, Schultern, Bauch, Beine usw. an die Reihe, bis hinunter zu den Zehen. Nehmen Sie sich die Zeit, Ihre Hände wieder aufzuwärmen, sobald Sie das Gefühl haben, dass sie zu kalt werden. Wenn Sie Bereiche oder Muskeln entdecken, die verspannt sind oder schmerzen, können Sie diese ein wenig länger massieren, um sie zu lockern und zu entspannen. Noch wirksamer wird die Massage, wenn Sie dabei Ihrem Körper sagen, dass er sich entspannen und loslassen soll (siehe 17. Kapitel über *Die Macht von Lob und Segen*).

3. Schritt: Singen und tanzen

Nun legen Sie Ihre Lieblingsmusik auf und tanzen! Lassen Sie alle Anspannung los und genießen Sie es. Bewegen Sie sich dabei nach Lust und Laune, Sie müssen keine speziellen Tanzschritte aufs Par-

156

kett legen. Niemand schaut Ihnen zu, also keine Hemmungen! Es spielt auch keine Rolle, ob Sie langsam oder schnell und ausgeflippt tanzen. Alles, was Ihrer Stimmung entspricht, ist gut. Folgen Sie einfach Ihrer Intuition; sie sagt Ihnen, was Ihr Körper braucht, um ihn von Verspannungen und Blockaden zu befreien. Denken Sie daran: Das Ziel besteht darin, die Energie in Fluss zu bringen.

Manche Leute vergessen, dass Musik, die sie hören, und Lieder, die sie singen, hochwirksame Affirmationen sind; deshalb sollten Sie Ihre »musikalischen Begleiter« sorgfältig auswählen. Manchmal muss ich zu meiner Überraschung und Enttäuschung entdecken, dass der Text zu einer Melodie, die mir gefällt, ziemlich negativ ist. Eine frustrierende Entdeckung, denn das bedeutet, dass ich beim Anhören und Singen eines solchen Liedes die negativen Affirmationen jedes Mal wiederhole, was ich unbedingt vermeiden will.

Da Musik, Lieder und Worte auf der Schwingungsebene wirksam sind und sich unverzüglich unserem Unterbewusstsein mitteilen, sollten wir nur solche auswählen, die konstruktiv und eine positive Bestätigung des Lebens sind. Nur dann haben wir die Chance, uns besser zu fühlen. Also hören Sie genau hin, bevor Sie sich in ein Lied verlieben, dessen Text Sie nicht genau kennen.

4. Schritt: Schwitzen

Nachdem Sie das Tanzbein geschwungen und Ihren Körper (und Ihren Geist) mobilisiert haben, steht nun eine schweißtreibende Übung auf dem Programm, die Ihr Herz zum Klopfen und Ihr Blut in Wallung bringt. Wenn Sie keine spezielle Lieblingsübung haben, um den Kreislauf richtig in Schwung zu bringen, können Sie eine Viertelstunde oder zwanzig Minuten im nächstgelegenen Park joggen, walken oder einfach weitertanzen.

5. Schritt: Abschließendes Dehnen

Beenden Sie das Power-Work-out mit einigen entspannten Dehnungen. Legen Sie sich auf den Rücken und richten Sie Ihre Aufmerksamkeit auf Atem und Puls; spüren Sie, wie sie langsamer werden. Wenn Sie wollen, können Sie dabei leise, entspannende Musik hören. Dann nehmen Sie sich Zeit, jeden Bereich Ihres Körpers zu dehnen, vor allem die Muskeln, die gerade strapaziert wurden. Grundlegende Dehnübungen finden Sie in entsprechenden Büchern oder Videofilmen. Auch im Yoga- oder Ballettunterricht sind sie gang und gäbe; vielleicht haben Sie ja Lust, einen solchen Kurs zu besuchen.

6. Schritt: Dem Körper danken

Beenden Sie das Übungsprogramm, indem Sie sich eingehend im Spiegel betrachten. Dann danken Sie Ihrem Körper, weil er schön, Ihnen zu Diensten und ein Wunderwerk der Schöpfung ist: Er begleitet Sie den ganzen Tag, verarbeitet die Nahrung, die Sie ihm zuführen, geht ab und zu mit Ihnen ins Kino oder im Wald spazieren, schläft mit Ihrem Partner und tut alles, was Ihnen in den Sinn kommt. Ich garantiere Ihnen, dass Ihr Körper bei dieser Lobeshymne zu strahlen beginnt … genau wie Sie. Also: Viel Spaß!

17

Die Macht
von Lob und Segen

Wir können das, was wir uns im Leben wünschen, nicht erzwingen.

Tatsache ist, dass wir auf der äußeren Ebene überhaupt nichts erzwingen können, auch wenn es bisweilen so scheinen mag. Wenn wir genau hinschauen, werden wir feststellen, dass solche »Erfolge« trügerisch und niemals von Dauer sind.

Wir können unsere Wünsche nicht mit Gewalt durchsetzen, aber wir können Raum für eine positive Wendung im Leben schaffen, indem wir alle negativen Gedanken und Gefühle loslassen (siehe 4. Kapitel über *Die Macht des Loslassens*) und uns ausschließlich auf das Gute konzentrieren, das wir erreichen möchten. Das liegt daran, dass wir alles, worauf wir unsere gebündelte Aufmerksamkeit richten, wie ein Magnet anziehen.

Richten Sie Ihr Augenmerk auf das Gute in anderen

Bei jeder Interaktion mit anderen Menschen treffen wir bewusst oder unbewusst die Entscheidung, worauf wir uns konzentrieren. Wir können bewusst beschließen, uns stets auf die guten Seiten eines Menschen oder einer Situation zu konzentrieren, ganz gleich was geschieht. Mit anderen Worten: Es steht uns frei, zu entscheiden, ob wir die Aufmerksamkeit auf die spannenden Möglichkeiten des Augenblicks und der daran beteiligten Personen konzentrieren oder ob wir uns erlauben können, ständig nach den negativen Aspekten eines Menschen und/oder einer Situation Ausschau zu halten.

Auf der unbewussten oder Schwingungsebene besitzen wir hochleistungsfähige »Antennen«, mit denen wir aufnehmen und wahrnehmen, was andere über uns denken oder welche Gefühle sie uns entgegenbringen. Wir empfangen ihre »Signale« und sie unsere. Entsprechend reagieren wir, oft ohne uns erklären zu können, warum wir so und nicht anders handeln.

Kinder lieben Lob

Kinder wachsen und gedeihen, wenn sie gelobt werden, wie jeder weiß. Ungeachtet der »Schwächen« oder »Fehler«, die ein Kind in unseren Augen haben mag, kommt es seiner Entwicklung zugute, wenn wir uns auf seine Stärken und Fähigkeiten konzentrieren. Dadurch werden die positiven Seiten gefördert und die sogenannten Schwachstellen letztendlich verblassen. Dieser Mechanismus funktioniert auch dann noch, wenn wir erwachsen sind.

Konzentrieren Sie sich auf das Gute und Beste

Die Konzentration auf das Gute in einem Menschen kann wahre Wunder wirken. Sie werden feststellen, dass jede Situation unweigerlich einen positiveren Ausgang nimmt, wenn Sie Ihre Gedanken, Gefühle und Aktivitäten an den guten Seiten und Stärken der Menschen ausrichten, mit denen Sie in Berührung kommen, selbst wenn es sich dabei um völlig Unbekannte handelt.

Sie können die Wirkung noch verstärken, indem Sie die Menschen segnen. Sagen Sie stumm: »Ich segne dich, ich segne dich, ich segne dich«, und beobachten Sie, was geschieht. Sie werden überrascht sein.

162

Ihre positiven Gedanken, die Konzentration auf das Gute und Beste im Menschen und Ihr Segen entfalten ihre Wirkung auf einer unsichtbaren Ebene, der Schwingungsebene. Unbewusst spürt die andere Person das Wohlwollen, das Sie ihr entgegenbringen, spürt, dass weder Widerstreben noch Feindseligkeit von Ihnen ausgehen, sodass sich die Situation entspannt und reibungslos verläuft. Wenn Sie Ihre Aufmerksamkeit auf das Gute richten, können Sie gewaltige Veränderungen hervorrufen.

Diese Methode funktioniert schon deshalb, weil negative Gedanken und Gefühle Widerstand auf der inneren Ebene erzeugen. Dieser Widerstand manifestiert sich auf der äußeren Ebene in Form von Schwierigkeiten, Verzögerungen und unerwarteten Problemen. Doch wenn Sie sich auf das höchste Wohl aller Beteiligten konzentrieren, das Gute und Beste eines Menschen in den Vordergrund stellen und die Macht von Lob und Segen nutzen, lassen sich sämtliche Widerstände auflösen.

Segnen Sie Ihren Partner

Wenn Sie schon dabei sind, sollten Sie nicht vergessen, Ihren Lebenspartner zu segnen und zu loben, denn das kann die größte Herauforderung sein, der wir uns gegenübersehen. Vielleicht hegen wir einen heimlichen Groll gegen ihn, haben an allem, was er tut, etwas auszusetzen, erinnern uns immer noch an Kränkungen oder Verletzungen, die er uns früher einmal zugefügt hat, und konzentrieren uns auf seine Schwächen, während wir das Gleiche bei anderen mit einem Lachen abtun, ignorieren oder vergeben und vergessen würden. Um das anhaltende Gefühl der Verletzung und innere Widerstände gegen Ihren Partner aufzulösen, bedarf es einer positiven Affirmation. Sagen Sie laut:

❧ ___, ich segne dich und betrachte dich mit den Augen der Liebe.

Loben und segnen Sie Ihren Körper

Eine gute Möglichkeit, mehr Gesundheit und Vitalität im Leben anzuziehen und zu manifestieren, besteht darin, sich immer wieder klarzumachen, was für ein Wunderwerk der Schöpfung der menschliche Körper ist.
Setzen Sie sich in Ihren Lieblingssessel oder legen Sie sich bequem auf den Rücken. Nehmen Sie sich ein paar Minuten Zeit, um sich zu entspannen. Dann loben und segnen Sie Ihren Körper langsam

und liebevoll, von Kopf bis Fuß. Beginnen Sie am Scheitel und sagen Sie beispielsweise:

❀ Ich liebe meine Haare, sie sind ein echter Hingucker, kräftig, geschmeidig und füllig. Die Farbe gefällt mir besonders gut, sie ist das Tüpfelchen auf dem i.

Dann gehen Sie zu den Augen über:

❀ Ich danke für meine Augen, meine wunderschönen grünen, scharfsichtigen Augen, mit denen ich die Wunder des Lebens sehen und genießen kann …

Segnen Sie danach Nase, Ohren, Mund, Zähne, Gesicht, Hals, Schultern und Rücken. Bringen Sie Lob und Segen mit Ihren eigenen Worten zum Ausdruck. Wenn Sie wenig Zeit haben, konzentrieren Sie sich auf einzelne Bereiche des Körpers. Sagen Sie beispielsweise:

❀ Ich mag mein Herz und danke ihm; es ist ein starkes, liebendes Herz, das ruhig, kraftvoll und gleichmäßig schlägt, Tag für Tag. Ich segne meinen Magen, der die zugeführte Nahrung klaglos und mühelos verdaut … usw.

Das ganze Universum ist von göttlicher Intelligenz erfüllt, und folglich auch jede Zelle unseres Körpers. Deepak Chopra erklärt in seinem Buch *Die Körperzeit:* »Die natürlichen Lebensvorgänge des Körpers sind ein Ergebnis des Bewusstseins. Vorstellungen, Gedanken und Gefühle erzeugen die chemischen Reaktionen, die das Leben in jeder Zelle aufrechterhalten ... Intelligenzimpulse erzeugen unseren Körper in jeder Sekunde in neuer Gestalt. Wir sind die Gesamtsumme dieser Impulse, und indem wir ihre Muster verändern, verändern wir uns selbst.«

Sprechen Sie mit Ihrem Körper

Jede Zelle des Körpers reagiert in eben diesem Augenblick auf Ihre Gedanken, gleich, ob sie positiv oder negativ sind. Deshalb sollten Sie sich genau anschauen, was Sie derzeit von Ihrem Körper halten.

Verwünschen oder segnen Sie ihn? Falls Sie abfällig über ihn urteilen, ist es nie zu spät, etwas dagegen zu unternehmen. Ändern Sie die Grundeinstellung zu Ihrem Körper und beobachten Sie, wie er auf den neuen Kurs reagiert. Beschließen Sie, Ihren Körper oder gleich welchen Teil von jetzt an liebevoll anzunehmen und ihm positive Gedanken zu schicken. Beschließen Sie, dass Sie ihm nun immer sagen werden, dass er stark und gesund ist. Und loben Sie ihn für seine zahlreichen Fähigkeiten. Die Konzentration auf das Gute wird bewirken, dass er die gedeihliche Entwicklung nimmt, die Sie sich wünschen.

Wenn ein Teil des Körpers in seinen Funktionen beeinträchtigt, krank (unwohl) oder mit Schmerzen behaftet ist, sollten Sie mit ihm sprechen wie mit einem Kind, dessen Wohl Ihnen am Herzen liegt. (Oder liegt Ihnen das Wohl Ihres Körpers nicht am Herzen?) Führen Sie also einen liebevollen kleinen Plausch mit dem betreffenden Körperteil. Wenn Sie Magenschmerzen haben, sagen Sie beispielsweise:

❀ Lieber Magen, warum bis du heute so gereizt? Was für ein Problem hast du? Habe ich etwas gegessen, das dir nicht bekommt? Oder nagt ein anderer Kummer an dir? Bin ich zu angespannt für deinen Geschmack? Oder zu hektisch? Habe ich dir zu viel Kaffee zugemutet?

Dann lauschen Sie in sich hinein … Hören Sie auf Ihre Intuition und folgen Sie deren Rat.
Beenden Sie die kurze Unterhaltung mit den Worten:

❀ Lieber Magen, ich liebe dich, segne dich und danke dir für die hervorragende Arbeit, die du jeden Tag leistest ... indem du Nahrung, Gefühle und Ideen verdaust ... du bist höchst erstaunlich, lieber Magen. Jetzt kannst du dich entspannen. Lass einfach los und entspann dich. Lass jeden Schmerz und jede Anspannung los. Ich sehe vor mir, wie jede einzelne Zelle nun von pulsierender Lebenskraft und strahlendem weißen Licht erfüllt ist, lieber Magen. Ich weiß, dass du dich nun erheblich besser fühlst. Ja, hier und jetzt – genau so ist es.

Dem höheren Selbst schreiben

Dem höheren Selbst zu schreiben ist eine weitere wunderbare Technik, um jemandem Lob und Segen zu erteilen. Wenn Sie auf der äußeren Ebene Probleme mit einem Menschen haben und es schwer finden, Zugang zu ihm zu finden oder ihn durch Argumente zu überzeugen, können Sie auch seinem höheren Selbst schreiben, was Sie auf dem Herzen haben. Das ist eine gute Möglichkeit, Harmonie in die Situation zu bringen.

Da das höhere Selbst das wahre, spirituelle Selbst eines Menschen darstellt, konzentrieren Sie Ihr

Augenmerk folglich auf alles, was wahrhaftig, gut und real an ihm ist. Außerdem aktivieren Sie durch Ihre gebündelte Aufmerksamkeit die positive Energie seiner Seele.

Dem höheren Selbst eines Menschen zu schreiben ist sehr tröstlich, wenn man feststellt, dass man sich nicht mehr mit der äußeren Ebene in Einklang befindet. Wenn Sie dem höheren Selbst der Person schreiben, die Ihnen Kummer oder Kopfzerbrechen bereitet, schicken Sie ihrer Seele auf direktem Weg Liebe und Segen, unter Umgehung des Ego. Das ist gut, denn das Ego ist häufig Ursache zwischenmenschlicher Streitigkeiten, Konflikte und Missverständnisse.

Wenn Sie Ihrem Herzen folgen und dem höheren Selbst eines Menschen schreiben, sollten Sie Ihre Worte liebevoll und Ihr Anliegen klar formulieren. Bitten Sie das höhere Selbst, dabei zu helfen, für alle an der unliebsamen Situation Beteiligten das höchste Wohl zu manifestieren. Schreiben Sie dem höheren Selbst jeden Tag, bis sich die Situation entschärft. Die Ergebnisse sind oft verblüffend. Wichtig ist, das höchste Selbst immer um das höchste Wohl *für alle Beteiligten* zu bitten.

Sie können auch dem höheren Selbst von Freunden oder Angehörigen schreiben, die Ihnen Sorgen machen. Wenn jemand, der Ihnen nahesteht, krank ist oder Kraft und Unterstützung braucht, um eine große Herausforderung in seinem/ihrem Leben zu bewältigen, bitten Sie das höhere Selbst, ihn/sie zu leiten und zu beschützen. Schreiben Sie zum Beispiel:

❧ Ich bitte das höhere Selbst von ___, ihn/sie auf seinem/ihrem Weg (in dieser Situation) zu beschützen.

Das Gleiche gilt auch für Ihre Kinder oder Ihr eigenes höheres Selbst. Schreiben Sie Ihrem eigenen höheren Selbst; bitten Sie darum, dass es Sie in Zeiten beschützt, in denen Sie sich großen Belastungen gegenübersehen, genauso wie Sie Gott, Jesus, Buddha, Engel oder andere höhere geistige Wesen um Schutz bitten würden.
Genau wie bei den positiven Affirmation gewinnen Sie auch mit dieser Methode noch mehr Kraft, Stärke und inneren Frieden, wenn Sie Ihre Bitte mehrmals am Tag wiederholen, bis Sie das Gefühl haben, dass sich das Problem gelöst hat.

18

Die Macht
der Freundschaft

Wahre Freunde können wahre Wunder wirken.
Wenn wir mitten in einer Krise stecken oder mit einem vertrackten Problem konfrontiert sind, fällt es uns bisweilen schwer, das höchste Wohl zu erkennen oder die Vorstellung davon aufrechtzuerhalten. Die Ereignisse auf der äußeren Ebene nehmen uns dermaßen gefangen, dass uns der erforderliche innere Abstand dazu fehlt. Wir sind emotional zu eng in das Geschehen eingebunden, um den Kontakt mit der höchsten und liebevollsten universellen Perspektive zu bewahren (unsere gebündelte Aufmerksamkeit darauf zu richten). Wenn unser Ego in solche Krisensituationen oder Konflikte gerät, lassen wir uns oft vom Sog der eigenen Ängste, Sorgen, Verstimmungen, Zweifel und Kümmernisse mitreißen, insbesondere, wenn wir uns noch ganz am Anfang des Weges zur Macht befinden.
In solchen Fällen braucht man gute Freunde.

Gute Freunde sind gerade in Zeiten der Not von unschätzbarem Wert.

Gute Freunde können einen Unterschied bewirken.

Gute Freunde können das Blatt wenden.

Gute Freunde sind ein Geschenk des Himmels.

Auch Sie sollten gute Freunde haben, die mit Ihnen durch dick und dünn gehen (Sie in jeder Situation mit positiven Affirmationen unterstützen), vor allem aber in Krisenzeiten oder wenn Sie des Beistands bedürfen.

Wie Florence Scovel Shinn in ihrem Buch *Das Lebensspiel und seine Regeln* erklärt: »In diesem Falle hätte der Mann nie allein Erfolg haben können. Er brauchte einen anderen, um an seiner Vision festzuhalten. Dies zeigt, was ein Mensch einem anderen sein kann … Der Freund oder der ›Heiler‹ sieht deutlich den Erfolg, die Gesundheit oder den Wohlstand und wankt niemals, denn er ist der Angelegenheit nicht zu nahe. Es ist viel leichter, jemand anderem etwas zu veranschaulichen als sich selbst, deshalb sollte man nicht zögern, um Hilfe zu bitten, wenn man fühlt, dass man wankelmütig wird.«

Bitten Sie Ihre Freunde um Hilfe

Ich empfehle Ihnen dringend, eine gute Freundin oder einen Freund zu bitten, Sie mit positiven Worten zu unterstützen, wenn Sie Beistand brauchen. Wenn Sie beispielsweise eine ungewöhnliche oder schwierige Situation meistern müssen, bitten Sie Ihre Freunde, ein erfolgreiches Ergebnis für Sie zu affirmieren. (Siehe 3. Kapitel über *Die Macht der Affirmation*, und 17. Kapitel über *Die Macht von Lob und Segen*.) Sie können beispielsweise sagen:

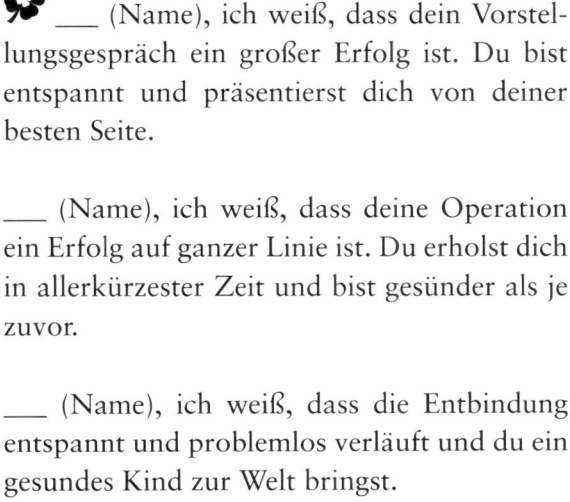 ___ (Name), ich weiß, dass dein Vorstellungsgespräch ein großer Erfolg ist. Du bist entspannt und präsentierst dich von deiner besten Seite.

___ (Name), ich weiß, dass deine Operation ein Erfolg auf ganzer Linie ist. Du erholst dich in allerkürzester Zeit und bist gesünder als je zuvor.

___ (Name), ich weiß, dass die Entbindung entspannt und problemlos verläuft und du ein gesundes Kind zur Welt bringst.

___ (Name), ich weiß, du bist in der Lage, diese Aufgabe zu bewältigen. Du hast alle Fähigkeiten, die man dazu braucht. Ich sehe vor mir, wie du mit diesem Projekt einen Erfolg nach dem anderen erzielst.

Es liegt auf der Hand, dass wir im Gegenzug das Gleiche für Freunde tun können. Wir sollten keine Sekunde zögern, Worte der Kraft und Macht für sie zu sprechen, selbst wenn sie sich nicht trauen, uns um Hilfe oder Unterstützung zu bitten. Das gilt auch für solche Freunde, die eine andere Lebensauffassung haben oder nie zugeben würden, dass sie genau merken, was wir für sie tun.
Hören Sie auf Ihre innere Stimme, Ihre Intuition, die Ihnen sagt, wann Sie gebraucht werden. Dann zögern Sie nicht, am Schicksalsrad zu drehen und kühne Worte des Erfolges für Ihre Freunde zu sprechen!

Der Braintrust

Sie können sich auch mit Freunden zusammenschließen, um gemeinsam bestimmte Ziele zu erreichen. Napoleon Hill bezeichnet diese Gruppe von Gleichgesinnten, die ein gemeinsames Ziel anstreben, als Braintrust oder »Bund der klugen Köpfe«.

Bei diesem Konzept geht es laut Hill darum, dass zwei oder mehr Menschen all ihr Wissen und Bestreben harmonisch aufeinander abstimmen, um ein bestimmtes Ziel zu verwirklichen.

Hill ist der Meinung, dass bei umsichtiger Auswahl eine Gruppe Gleichgesinnter zu einem Braintrust zusammengeschweißt werden und Spitzenleistungen erreichen kann, wenn alle ihre Energie auf dasselbe Ziel richten. Wenn diese »klugen Köpfe« koordiniert und harmonisch zusammenarbeiten, wird die geballte Energie, die durch den Zusammenschluss entsteht, jedem einzelnen Angehörigen der Gruppe zugänglich. Dieser Zusammenschluss geschieht oft unbewusst, und viele erfolgreiche Unternehmungen sind auf die Bemühungen von Menschen zurückzuführen, die harmonisch an einem Strang ziehen. Doch wenn wir uns auf dem Weg zur Macht befinden, können wir diese Technik bewusst einsetzen und einen Braintrust gründen oder suchen, um mit Unterstützung dieser Gruppe bestimmte Ziele zu erreichen.

Zusammenschluss und Affirmation

Auf ähnliche Weise können wir uns mit anderen zusammenschließen, um für jemanden zu beten, ihn zu segnen oder durch positive Affirmationen zu unterstützen. Beispielsweise kann eine Familie gemeinsam mit Hilfe von Affirmationen und kreativer Visualisierung das angestrebte Ergebnis für Verwandte, Freunde oder Angehörige herbeiführen, die vielleicht krank oder mit einer großen Herausforderung konfrontiert sind. Familienaffirmationen müssen weder aufwändig sein noch viel Zeit in Anspruch nehmen. Sie können beim Abendessen am Tisch gesprochen werden oder zu irgendeiner anderen angemessenen Zeit, wenn alle anwesend sind. Vielleicht möchten Sie auch in eine Gebetsgruppe eintreten. Hier bringen alle Mitglieder eine Gebetsliste zu den Treffen mit. Auf dieser Liste können Personen stehen, für die man beten möchte; sie kann aber auch positive Ergebnisse enthalten, die man manifestieren will. Die Gebetslisten sind eine persönliche Sache: Der Inhalt bleibt geheim, aber alle affirmieren oder beten gemeinsam für die Menschen, die Beistand brauchen, oder die positiven Ergebnisse, die angestrebt werden.

Die Macht, das Gute zu manifestieren, wird wie beim Braintrust-Konzept erheblich verstärkt, wenn sich Menschen zusammenschließen, um ihre geballte Energie in positive Affirmationen einzubringen. Deshalb zögern Sie nicht, sich gemeinsam mit anderen für das höchste Wohl aller Beteiligten einzusetzen.

19

Die Macht
von *Fast Food für die Seele*

Hand aufs Herz: Sie lesen dieses Buch, weil Sie etwas verändern wollen, weil Sie Ihre Lebensqualität verbessern wollen – und zwar jetzt. Der Titel des Buches hat Ihre Aufmerksamkeit geweckt, weil Sie danach streben, Ihr Leben selbst in die Hand zu nehmen, so schnell wie möglich.

Sie haben das Gefühl der Unzufriedenheit mit den Unwägbarkeiten des »Schicksals« lange genug hingenommen; nun suchen Sie nach praktischen Mitteln und Möglichkeiten, tiefgreifende und nachhaltige Veränderungen zu schaffen. Sie wollen vor allem wissen, wie Sie den Rahmen schaffen können für das Leben, das Sie – wie Sie tief in Ihrem Innern spüren – eigentlich führen sollten.

Und dieser Impuls ist ein Segen. Denn genau dieses Gefühl der Unzufriedenheit mit Ihrem »Schicksal« hat Sie veranlasst, nach einem Weg zu suchen, der Ihnen mehr Erfolg und ein besseres Leben beschert. Deshalb halten Sie dieses Buch in Ihren Händen –

mit seinen Techniken und Erkenntnissen über die Arbeitsweise des menschlichen Verstandes – kurz gesagt, mit dem Rüstzeug, das Sie brauchen, um die entscheidende Wende herbeizuführen. Der Anfang ist gemacht: Herzlichen Glückwunsch!

Wenn mir vor einigen Jahren jemand erzählt hätte, dass die einfach nachvollziehbaren, in diesem Buch beschriebenen Techniken mein Leben von Grund auf verändern und nachhaltig verbessern würden, hätte ich ihn ausgelacht! Aber sie haben sich als Erfolg auf ganzer Linie erwiesen und deshalb weiß ich, dass sie das Gleiche für Sie bewirken können.

Die Arbeitsweise des menschlichen Verstandes

Der eigentliche Schlüssel zur Veränderung liegt darin, sich vor Augen zu halten, wie der menschliche Verstand arbeitet. Diesen Schlüssel halten Sie in Ihren Händen. Sie wissen jetzt, dass Sie mit Ihren Gedanken, Worten und mentalen Bildern Ihre ureigene Realität schaffen; Sie wissen, dass alles, was Sie affirmieren und visualisieren, in Erfüllung geht, sich in Ihrem Leben manifestiert. Sie haben sich bewusst gemacht, dass Sie der einzige Mensch sind, der die mentalen Weichen stellt, der entscheidet, was Sie denken und worauf Sie Ihre ungeteilte

Aufmerksamkeit richten. Sie haben die Wahl und damit den Schlüssel zur Freiheit!

Mit diesem magischen Schlüssel in den Händen – und den Techniken, die in diesem Buch beschrieben und leicht umzusetzen sind – haben Sie alles, was Sie brauchen, um Ihr Leben von Grund auf zu verändern. Sie werden sehen, es ist ganz leicht!

Warum Veränderung leicht ist

Eine der wichtigsten Botschaften in diesem Buch lautet, dass es leicht ist, ein gesundes, glückliches und finanziell gesichertes Leben zu führen, auch wenn wir darauf programmiert sind, das Gegenteil zu glauben. Ein unglückliches und armseliges Leben ist das Ergebnis unserer eigenen Unwissenheit, das Produkt unserer eigenen negativen mentalen Muster, die Manifestation unserer eigenen Gedanken, Worte und Konzentration auf Einschränkung und Mangel. Und da die meisten Leute nicht begriffen haben, wie der menschliche Verstand arbeitet – dass sie mit ihren Gedanken und Worten genau die Realität schaffen, in der sie sich befinden –, sind sie Opfer ihrer eigenen negativen Denkgewohnheiten.

Doch sobald wir den Mechanismus durchschaut haben, wird uns klar, dass ein gutes Leben, ein gesundes Leben, ein produktives, sinnvolles Leben – ein Leben der unbegrenzten Vitalität, Liebe und spannenden Abenteuer – unser natürliches Geburtsrecht ist. Wir haben lediglich vergessen, wie man es herbeiführt. Doch nun wissen wir, wie man diesen Wunsch realisiert.

Begeben Sie sich an die innere Arbeit

Vorher gilt es jedoch, eine wichtige Voraussetzung zu erfüllen: Mit diesem Wissen gerüstet, müssen wir die Bereitschaft aufbringen, die unabdingbare innere Arbeit zu leisten. Wir müssen den festen Entschluss fassen, einen Blick auf unsere innersten Überzeugungen und mentalen Programme zu werfen und dabei schonungslos und aufrichtig mit uns selbst sein. Welche Denkschemata, welche Grundhaltungen haben wir im Hinblick auf das Leben generell entwickelt? Was versuchen wir, uns selbst und anderen einzureden? Sind es gute Gedanken und Worte? Sind sie positiv, warmherzig und liebevoll? Tragen sie wirklich dazu bei, das Leben, die Welt und die Realität zu schaffen, die wir uns wünschen … für uns selbst und für unsere Familien, Freunde und Mitmenschen?

Der Weg zur Macht

Sie entscheiden also, was Sie aus Ihrem Leben machen wollen.

Die Wahl liegt allein bei Ihnen. Sie können die Macht, die in jedem Menschen schlummert, wecken und in Besitz nehmen. Sie können mit Ihren Gedanken, Worten und dem Fokus Ihrer Aufmerksamkeit bewusst die Weichen für ein Leben stellen, wie Sie es sich wünschen.

Das Rüstzeug haben Sie. Der Weg steht Ihnen offen.

Trauen Sie sich. Seien Sie mutig und beherzt. Nehmen Sie Ihr Schicksal in die Hand, hier und jetzt. Denken Sie darüber nach – und machen Sie den ersten Schritt.

Niemand kann Ihnen diesen Schritt abnehmen.

Niemand kann den Weg für Sie gehen.

Dies ist der Weg zur Macht.

Literatur

Chopra, Deepak: *Die heilende Kraft,* Bergisch-
Gladbach 2001.

Chopra, Deepak: *Die Körperzeit. Mit Ayurveda jung
bleiben, ein Leben lang*, München 2002.

Coué, Emile in: Brian Inglis und Ruth West: *The
Alternative Health Guide*, London 1983.

Cousins, Norman: *Der Arzt in uns selbst. Wie Sie
Ihre Selbstheilungskräfte aktivieren können,*
Reinbek 1996.

Fox, Emmet: *Alter Your Life,* San Francisco 1994.

Fox, Emmet: *Macht durch positives Denken*, München 1989.

Hill, Napoleon: *Denke nach und werde reich,*
Kreuzlingen/München 2005.

Ponder, Catherine: *Die dynamischen Gesetze der
Heilung,* München 2007.

Robbins, Anthony: *Das Robbins Power Prinzip*,
Berlin 2004.

Rodegast, Pat und Judith Stanton: *Emmanuel`s Book*,
New York 1987.

Shinn, Florence Scovel: *Das Lebensspiel und seine
Regeln,* Linz 2003.

Silva, José: *Der Heiler in dir,* München 1990.

Webster`s Encyclopedic Unabridged Dictionary,
New York 1989.

Wilde, Stuart: *Affirmationen,* Kreuzlingen/München
1998.

Ruediger Dahlke
Die Notfallapotheke für die Seele

Heilende Übungen und Meditationen

Die Botschaften der Seele wollen verstanden werden. Sie sind ein Hilfeschrei, etwas zu verändern. Ruediger Dahlke, bekannter Arzt und Psychotherapeut, zeigt Übungen, Entspannungstechniken und Meditationen, die praktische Hilfe bei den wichtigsten seelischen Beschwerden wie Angstgefühlen, Stress, Burnout, Trauer, Wut oder Enttäuschung bieten.

Die feinen Wahrnehmungsübungen vermitteln Vertrauen und Lebensfreude, helfen, Neues über sich selbst zu erfahren, und ermöglichen Schritte in Richtung Heilung. Auch ohne akute Notlage kann man mit ihnen alte Verletzungen heilen, Belastendes loslassen und ein freierer Mensch werden.

128 Seiten, ISBN 978-3-485-01120-4
nymphenburger

Lesetipp

BUCHVERLAGE
LANGENMÜLLER HERBIG NYMPHENBURGER
WWW.HERBIG.NET